———— 生命，因閱讀而大好！

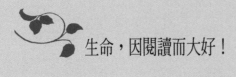生命，因閱讀而大好！

中學生

石雨祺／著

單挑

錯別字

挑戰零錯字的不可能任務

《啟蒙作文聖經》《國小作文聖經》《基測作文聖經》

作者　董宜俐

先玩個「錯別字殺手」的小遊戲：

- 爸媽很辛苦，我要照顧他們的「下半身」。
- 校園裡最辛苦的人是「藝」工媽媽。
- 喜怒「衰」樂「粉粉」湧上心頭。
- 冷「器」吹「的」我油盡燈枯。

……

這些句子全出現在國中基測作文測驗中，被閱卷老師輯為「國中基測作文血淚史」，在網路上廣為流傳，看到的國中生、小學生無不笑得眼淚奪眶而出；大人們則紛紛搖頭歎息：「中文程度低落，無藥可救！」

再來看看中、小學生的作文，一篇五、六百字的文章想挑不出一個錯別字，幾乎是不可能的任務。

為何錯別字這麼嚴重？「精熟策略」全盤失守是主因。現在的小學生學習國字，一個生字只寫三、五遍，又不講究筆畫、筆順，也不時興圈詞、抄課文之類的抄寫功課，所以生字教一個、忘一個；等他會打電腦後，輸入法會自動幫忙選字，更不須費心去記一筆一畫；如此養成不求甚解、敷衍馬虎的習性，上網聊天就用火星文，手寫作文就自創新字。

平常寫錯字，頂多被念一念或被罰寫三遍，孩子常覺得無關痛癢；到了錙銖必計的國中基測作文，錯別字就像文章中的白蟻，至少啃掉滿級分六級分中的一級分！特別是小學生級的失誤，例如：相似長相、不一樣讀音的「戴」和「載」，「侍」和「待」……相似讀音、不一樣長相的「狀」和「壯」，「候」和「侯」……一樣的讀音、不一樣用法的「決」和「絕」，「做」和「作」……多重相似、難上加難的「紀」和「記」，「即」和「既」……都會讓閱卷老師皺眉、手下不留情。

勤查字典寫作文

為了避免文章得「紅豆症」，滿篇都是被紅筆圈起來的錯別字，小心謹慎的孩子幾乎每「字」問，這是好現象嗎？父母先別被孩子的「求知欲」樂昏頭，一路陪在身旁充當「活字典」；因為孩子對字沒把握，代表學得不夠精熟，讓他自己去翻字典，才能印象深刻；但是寫文章一路抱著字典查，也會影響思緒，更不容易在時間限制內寫完。最好的方法是請孩子在不會的字旁，先寫上注音，等文章完成，再一次查字典，寫上正確的字。

坊間出版的字辭典種類繁多，可以用汗牛充棟來形容。大好書屋特別針對中、小學生常見的錯別字，延請作者石雨祺編纂成《小學生單挑錯別字》、《中學生單挑錯別字》二書，除了可當字辭典使用，書中的錯別字小故事、正字正說、實句實用、行文點睛等單元，也適合平時閱讀，增加字感、語感，強化作文能力。

　　論中文能力低落，最常被提及的是「一百字作文可以挑出十個錯字」，錯別字就像一隻白蟻，穿梭在孩子的字裡行間，啃噬字字句句；錯別字就像一顆老鼠屎，壞了文章這一鍋好粥！期望透過《小學生單挑錯別字》、《中學生單挑錯別字》幫忙挑錯，讓孩子寫文章時，自然展現精確的遣詞造句。

沒有BUG的作文最可愛！

石雨祺

如果代溝理論成立，那麼我可以打包票地說：這個時代的中學生，是與老師代溝最大的一代學生。由於他們從小「吃」圖像長大，看圖畫比看名著要多得多，對Cosplay的興致，更是比對習題和考試要大一萬倍。

在平常的作業本和考試試卷中，相信很多老師都會收到這些學生寫來的爆笑大禮：比如「ㄋ們好ㄚ！（你們好啊！）」、「今天可真是令人……的一天～」、「不自由，毋寧死」、「我從小就對寫作文這件事很有性趣」……等等。觀者大笑之餘，是否會感覺到一點點心酸呢？中國文字傳承幾千年，如今卻被這些「新新人類」們改造成這般模樣，若孔老夫子地下有知，不知要作何感想。中學生國文狀況如斯，以至連諸多文壇大老、知名學者也看不下去了，強烈要求教育部盯住國文教育現狀，特別是全力整頓錯別字。

對於中學生的錯別字，絕大多數人包括學生家長，則傾向於是單純的馬虎或習慣所致，因此沒有引起足夠的重視。其實，這跟當代學生成長中的「讀圖基因」密切相關，隨著電腦和網路的普及，讀圖一代漸漸成長，於是錯別字也隨之激增。雖然寫錯字並非中學生故意而為，他們偶爾也會在老師批改作文的評語下寫上一句歉意的話：「老是寫錯別字，我真是粉不好意思。」然而，很不幸，即使是這句含有歉意的句子中，依然還有錯別字。

錯別字就如同電腦程式中那些討厭的Bug。電腦程式中哪怕只有一個Bug，運行起來也會狀況不斷，而不論哪篇錦繡文章，一摻進錯別字就會大煞風景。試看發生在英國媒體上一則令人哭笑不得的新聞。倫敦泰晤士河上有一座新橋落成了，伊莉莎白女王前去為新橋剪綵，並第一個走過新橋。這

本來是件很光采的美事。但迷糊的《泰晤士報》記者卻在報導這條新聞時卻誤把「走過」的「pass」寫成了「piss」。要知道,「piss」在英語中可是小便的意思喔!於是,原本好好的一條新聞,傳到民眾眼中,卻變成了「英國女王在泰晤士橋上小便」。哈哈,這個過錯可謂荒唐之極,令人人啼笑皆非。

　　這本《中學生單挑錯別字》就是專為「讀圖一代」的中學生而作的。本書透過文字搭配套色版型設計一目瞭然,文末的插畫更是輕鬆有趣,在讓學生們感到眼前一亮的同時,幫助學生們在作文中消除那些可惡的小Bug——錯別字。本書一針見血地指出國文中那些要命的小Bug,指引你在錯別字辨別之路上快速進階。

　　書中沒有長篇大論和繁瑣的檢字表,只有一個簡單的宣導——活潑設計學字最快樂,沒有Bug的作文最可愛!

前言

　　如果有人問我現在這個社會中，誰活得最忙碌，我會毫不猶豫地回答：「中學生。」

　　難道不是嗎？想想看，他們身上那沉甸甸的書包，如山的課本和練習題，名目繁多的課程安排，無止境的測驗，近在眼前的基測壓力……說得誇張一點，中學生沒有週末和假日，因為每天都在補習和衝刺。

　　當然，與書包的重量和科目的難度等比增加的，還有中學生們寫錯別字的數量。目前，台灣中學生錯別字的數量之離譜，似乎已經是社會公認的事實了！如，把「趕快」寫成「敢快」，把「殘忍」寫成「慘忍」，把「不擇手段」寫成「不折手斷」……這些令人瞠目結舌的錯別字，並不是編造出來的笑話，而是發生在很多中學生身上的真實事例！

　　對於這些情況，很多老師和家長們當然極為痛心，甚至覺得恨鐵不成鋼。然而，如果我們站在中學生的角度上，設身處地的為他們著想，自然就能夠理解他們的苦衷了。畢竟，每個中學生在國文課上光是要學的生字就有幾千個，除此之外，還要學習很多的語法……更何況那些生字中還有很多似是而非、容易混淆的字呢！所以，年紀輕輕的中學生縱使有三頭六臂，也難以應付自如！

　　傳統的死記硬背記憶法，在有限的時間和巨大壓力下徹底失效。因此，中學生們需要的是教育自身和學習模式的深刻改革，而不是逼迫他們一味地Remember、Remember、Remember！

　　於是，這本《中學生單挑錯別字》便誕生了。雖然本書的主角依然是那些教育大綱上的生字，但卻再也看不到詞條式的注解，取而代之的，是簡

明精要的文字和活潑有趣的插圖以及一目瞭然的版面設計。中學生們可以輕鬆、有趣的學習這些容易寫錯的國字。

當然，本書在內容上，仍然堅守嚴謹、精確的學術規範，並分為五大章節，遴選中學教育大綱中出錯率最高的字詞，進行仔細歸類和比較，讓中學生們透過清晰的文字和活潑的設計，由表及裡、由本及末，再透過最後一章的「中學生錯別字測驗」，鞏固所學，最後達到熟記這些生字的目的。

攻破形、音、義難題

形、音、義號稱中文的「三架馬車」，它們既承載著中文的獨特魅力，又是造成中文混淆的罪魁禍首──大部分的錯別字，都是因為這三要素之間的混淆所導致。因此，在本書中，我們把這三個中文要素進行全新整合，歸類為「形聲相近」、「詞意相近」和「綜合因素錯字」（詳見內文單元：那些「真假難辨」的錯字啊）三個類別，針對每類中文舉出豐富的例子並一一破解。

找出成語中的錯別字

成語被公認為是中文中的「高級辭彙」，在寫作文時，如果成語運用得當，往往會給老師留下「文采佳」的好印象。但成語中的錯別字，卻往往讓你「弄巧成拙」造成尷尬。因此，本書選出最常和最具代表的十個成語進行

剖析，使中學生透過舉一反三、觸類旁通的方法，逐漸消滅成語中的錯別字。

欲正其文，必先正其字

在國文課上寫出一篇讓老師頻頻點頭微笑的作文，相信是所有學生的共同心願。但為什麼那麼多學生的作文，總是讓老師剛讀幾句就眉頭緊鎖呢？八成又是錯別字在搗蛋！本書將以中學生作文中常見的錯別字作為重點「打擊對象」，讓那些讓你筆下躊躇的行文易錯字一一現出原形，並徹底消滅它們。

中學生錯別字測驗

儘管我們宣導快樂學習，但是不可否認，考試仍然是我們必須面對的一道關卡。在認真學習前五章之後，我們精心為你準備了一份中學生錯別字測驗題，看一看你辨別錯別字的能力是否大大提升。此份測試題所選題目與學校國文考試難度相仿，相信當你再次面對國文考試時，一定不會再畏縮害怕，而是擁有一份不凡的自信。

Contents 目錄

Chapter 1
形聲相似的字

Chapter 2
意義相似的字

Chapter 3

那些「真假難辨」的字啊！

Contents 目錄

Chapter 4
欲正其文，先正其字

Chapter 5
成語中的錯別字

Chapter 6
中學生錯別字測驗

Chapter1
形聲相似的字

形、音、義號稱國字的「三架馬車」，它們既承載著國字的獨特魅力，又是造成國字混淆的「罪魁禍首」——很多錯別字皆由於這三要素之間的混淆所導致。國字中，百分之八十為形聲字，本章就專門為這百分之八十而設。闖關就要攻最艱難的那一關，對於聰明的中學生來說，單純的形相似或聲相似都不足以構成錯字的理由。當形相似遇上聲相似，你的勝算又有多少呢？挑戰，從現在開始！

1

再接
再厲
vs.
鼓勵

正 再接再厲　　鼓勵

錯 再接再勵　　鼓厲

關鍵鑰匙
厲，讀音為「ㄌㄧˋ」。
勵，讀音為「ㄌㄧˋ」。

錯別字小故事

　　一次考試過後，班上有很多同學進步很多，於是教數學的劉老師決定舉行一次頒獎大會，鼓勵同學們繼續努力。

　　頒獎的前一天，劉老師特地買來很多筆記本作為獎品，他心裡忽然冒出一個念頭：如果在筆記本的扉頁，給每位同學寫上幾句鼓勵的話語，那麼這筆記本一定更有紀念意義！於是，他不顧工作的辛勞，在每本筆記本的扉頁上一一寫道：「○○同學：一時的成功不足以讓我們感到驕傲和自豪；能夠笑到最後才是人生追求的目標。希望你繼續努力，再接再勵。」寫完所有的本子後，已經是深夜了，劉老師想到同學們看到自己的贈言後，一定很高興，於是心滿意足地笑了。

　　頒獎大會上，到場的老師中，除了劉老師，還有英語老師和國文老師。

作為主持人，劉老師一個個唸出得獎同學的名字，看著他們拿到獎品後露出驚喜的笑容，劉老師覺得自己的良苦用心終於得到回報，心裡不禁有些飄飄然。然而沒過多久，劉老師就發現一個問題：幾乎每個學生剛拿到獎品時都很激動，但等到翻開扉頁時就開始微微皺著眉頭，有的同學甚至捂著嘴偷笑起來，坐在一旁的國文老師看到劉老師的題字後，居然也微微皺起眉頭。

「難道是我的題字不好看？」劉老師開始在心裡覺得很疑惑。頒獎大會一結束，劉老師就匆匆忙忙的從一個得獎學生那裡拿走筆記本，向國文老師請教自己的題字到底是哪裡出現問題。國文老師微微一笑，說道：「劉老師啊，你犯了一個不該犯的錯誤啊。昨天的國文課上，我在跟學生講到易錯字時，才糾正他們不要把『再接再厲』寫成『再接再勵』，沒想到你今天就寫錯了！」劉老師一聽，這才恍然大悟，並自嘲道：「哈哈！原來如此，看來我的國文能力真的需要『再接再厲』啊！」

正字正說 ••

「厲」和「勵」這兩個字讀音雖然一樣，不容易區分，但如果我們從意義上來加以區分，就好辦多了。

厲，本義是磨刀石，算上本義和引申義一共有三個意思：

一、「厲」通「礪」，而「礪」是磨刀石的意思，引申為磨練，如：厲兵秣馬、泰山若厲。

二、嚴格或切實認真：如「厲行節約」是指嚴格的節約。上面所舉的「再接再厲」，也是這個意思。

三、兇狠、猛烈和嚴肅：如嚴厲、雷厲風行、聲色俱厲等。

勵，本義是勉力，努力，可引申為振作、勤勉或鼓舞，組詞為勉勵，獎勵等，上面舉的「鼓勵」就是這個意思。

實句
實用

再接再厲

每次我取得好成績的時候，老師總是叮嚀我不要驕傲，**再接再厲**。

鼓勵

一位教育家說過：「孩子最需要的，不是打罵和單純的說教，而是來自家長的**鼓勵**。」

記憶要點

　　這兩個字組成的詞語中，最容易寫錯的就是成語「再接再厲」，我們可以從成語的意思聯想開來：「厲」的意思是要更加嚴格地要求自己，對自己更「嚴厲」，才能讓自己更「厲害」。只要記住這一點，在寫這個成語時，就不會誤用「鼓勵」的「勵」字了。

2

清澈 VS. 撤退

正 清澈　　撤退

錯 清撤　　澈退

關鍵鑰匙
澈，讀音為「ㄔㄜˋ」。
撤，讀音為「ㄔㄜˋ」。

錯別字小故事

　　海倫‧凱勒是美國著名的女作家，也是深受青少年喜愛的一位作家。她的許多作品，如散文集《假如給我三天光明》，自傳《我的一生》等等，都激勵著世界各地的人們在困境中奮發向上，堅強不屈，積極進取。

　　海倫‧凱勒有一張著名的照片，照片上的她安詳寧靜，坐在椅子上，膝蓋上攤著一本書；她纖細白皙的手指，溫柔的在書上摸索著，臉上帶著恬靜的笑容，彷彿在吸吮知識的甘露，沐浴文學的陽光。雖然她的那雙眼睛無法感受到光線，但她那年輕優雅的臉龐，卻是那樣清澈和美麗，熠熠生輝。

　　這一切，都是源於海倫‧凱勒在逆境中奮鬥不懈的結果。海倫十九個月大的時候，因為一場大病，失去了聽覺和視覺。又因為聽不到聲音，不能夠說話，所以從此只能生活在沒有聲音、沒有光亮的世界裡。幼小的海倫也曾

因命運的不公而放聲哭泣，變得十分脆弱。然而，上天畢竟不忍心就此毀掉一個美麗女孩的人生，於是在某一個美好的清晨，為她送來一個她一生中的良師益友——安妮‧蘇利文。

蘇利文老師原本就從事特殊兒童教育工作，雙目失明的海倫，使本身視力也很弱的蘇利文頓生憐憫之情。於是，她開始耐心引導海倫在黑暗的世界裡一步步的摸索，尋找屬於自己的光明。蘇利文教她用手去感受水的流動，感受水流過手指的清涼感覺，海倫因此學會「水」這個詞；她還啟發海倫去思考問題，並在海倫的小腦袋上一遍一遍地寫上「思考」這個詞……就這樣，海倫靠著一點一滴的感受，開始學會寫英語，並學會點字。後來，蘇利文又讓海倫摸著她的聲帶去感受發聲，經過長期的努力，幼小的海倫終於喊出一聲「媽媽」！

蘇利文不僅教會海倫說話和認字，還教會她做人。每一次，當海倫遇到困難而灰心喪氣的時候，蘇利文便告訴她，不管遇到多大的困難，在她的字典裡，沒有「撤退」這兩個字，唯有不斷前進，才能發現光明。正是蘇利文用自己的耐心和細心，牽著海倫的手在人生的道路上找到方向。

就這樣，在蘇利文的幫助下，小海倫由一個無聲無語的弱女子，以驚人的毅力面對困境，終於在黑暗中找到人生的光明，並用自己歡快的雙手去擁抱世界。海倫死後和蘇利文老師葬在一起，她們的墓誌銘上有這樣一句話：「最偉大的師生，最偉大的朋友，最偉大的愛！」

正字正說

這兩個字雖然讀音一樣，但意思可是大相逕庭喔！

澈，本義是指水很清：如清澈見底，澄澈等。也可以用來形容人的心靈純潔，意思比較單一。

撤，本義是撤去。現在這個字作動詞有三個意思：

一、除去、免去：撤銷、撤職。

二、退、收回：撤退、撤離。

三、減輕：撤氣味，撤分量（方言裡用得較多）。

實句實用

清澈

從前，我家門前有一條**清澈**的小溪，現在卻再也找不到了。

撤退

這個線上遊戲模擬我軍在山坡上堅守三天三夜，敵人在連續進攻受挫後，終於無奈地**撤退**了。

記憶要點

只要結合它們的部首與意思，就可以輕而易舉的牢記這兩個字的分別了。「澈」是形容水的，與水關係密切，所以部首是三點水；而「撤退」則需要動作，需要用手，所以「撤」是提手旁。

3

目不暇給
VS.
白璧無瑕

| 正 | 目不暇給 | 白璧無瑕 |
| 錯 | 目不瑕接 | 白璧無暇 |

關鍵鑰匙
暇，讀音為「ㄒㄧㄚˊ」。
瑕，讀音為「ㄒㄧㄚˊ」。

錯別字小故事

　　唐太宗李世民統治時期的長安城，是當時全世界最繁華的都市。每天都有來自各地的人們在此觀光遊覽、買賣經商。城裡的店鋪也是櫛比鱗次，隨便走進一家店鋪，商品都令人目不暇給。

　　有一天，唐太宗處理完朝政後，忽然看見自己十歲的小公主悶悶不樂地走過來。勞累了一天的唐太宗一看到自己可愛的小女兒，頓時就忘了疲勞，他把小公主抱起來，說：「告訴父皇，有什麼不開心的事啊？」小公主嘟著嘴說：「宮裡太悶了，我要像其他人那樣出宮去！」李世民想了想，恰巧自己這幾天也要微服私訪，於是就想乾脆帶著她走一趟吧。第二天，李世民和小公主一起打扮成平民百姓的模樣，帶著幾個隨從便出宮去了。

　　一行人隨便走進一家玉石店，老闆是一個鶴髮童顏的老先生。正當李世

民他們剛要離開時，老先生突然說道：「幾位請留步！請到樓上喝杯茶。」李世民雖然心裡感到很疑惑，但還是帶著隨從和小公主跟著老先生上樓。

來到樓上，老先生給他們沏了一壺上好的茶後，便坐下來跟李世民暢談古今，談到長安城的一些不良現象時，老者見解獨到、一針見血，李世民聽得暗暗佩服。最後，那位老者突然跪下來，對著李世民行大禮，並說道：「還望皇上好好整頓長安啊。」

李世民心裡一驚，心想：自己和隨行的人都穿著平民百姓的衣服，眼前的這位老者怎麼知道我是皇帝？於是他斥退左右，只留小公主在身邊，想問個究竟。

老先生微微一笑，說道：「皇上剛進門時，我一看您氣宇不凡，再看您身邊的這位小公主，我就猜得八九不離十了。」

接著，老者又從身上拿出兩塊玉，說：「皇上請看，左手這塊玉是民間的好玉，雖色澤光潤，但細細看來，還是有一些瑕疵。而右手的這塊是早年從宮廷裡傳出來的，可以說是白璧無瑕，沒有一點缺點啊！這也正是民間女子與公主的差別。」

老者的一番分析，讓李世民暗暗佩服，後來，他每次出宮，都會找老者暢談一番，兩人結為忘年之交。

正字正說

要區別這兩個字其實並不難，只要我們在寫的時候細心一些，思考它們各自不同的意思，就不難分辨了。

暇，是為空閒、閒暇的意思。如應接不暇、自顧不暇等。

瑕，本義是指玉石上面的斑點。現在這個字引申的意思，也可以比喻人或事物顯露出來的缺陷、缺點或小毛病，如白璧無瑕、瑕不掩瑜。

實句 **目不暇給**
實用 商店裡的商品真是琳琅滿目，讓人**目不暇給**。

白璧無瑕

孩子的心靈單純善良，如同**白璧無瑕**，需要我們好好呵護。

記憶要點

只要記住「瑕」是「玉石上的斑點」，跟玉有關，自然是王字旁；而「暇」指空閒，跟日子有關，是日字旁，就不難區別了。

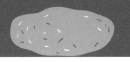

4

馳騁 vs. 鬆弛

正	馳騁　　鬆弛
錯	奔弛　　鬆馳

關鍵鑰匙
馳，讀音為「ㄔˊ」。
弛，讀音為「ㄔˊ」。

錯別字小故事

　　從前，有一個叫伯樂的人，十分善於辨識各種各樣的馬。無論什麼樣的馬兒混在一起，伯樂都可以輕鬆挑出好馬，而被他挑出來的馬，都可以輕而易舉的日行千里。

　　伯樂附近住著一個叫陳大的小販，他平時做一些小買賣，日子還算過得不錯。這個人是個馬迷，喜好觀賞各種各樣的名馬，特別喜歡看馬兒撒開四蹄飛速奔馳的樣子。陳大早就聽說相馬高手伯樂就住在附近，一直想要拜訪一下，卻苦於沒有機會。

　　有一次，陳大在外地意外碰到兩匹馬。這兩匹馬都有光潔的皮毛，矯健的四蹄，奔跑起來傲氣十足。於是陳大便花了大錢把這兩匹馬買下來，把牠們作為代步工具，駕著貨車回家了。

一路上，陳大很快看出了兩匹馬的區別：一匹馬一路狂跑，彷彿有使不完的勁，而另一匹馬每走一段路就會吃點東西或者喝點水，停下來歇歇腳。所以陳大打從心底不喜歡第二匹馬。

到家後，陳大就牽著這兩匹馬登門拜訪伯樂，請他鑑別一下這兩匹馬的優劣。伯樂慢慢地說：「這兩匹馬都是上等好馬。」然而，出乎陳大的意料，伯樂指著陳大根本不喜歡的那匹馬說道：「但是，這匹馬才是真正的絕世好馬。」陳大不解地問道：「您看錯了吧！這匹馬不耐跑，一路上還吃更多的飼料，喝更多的水。千里良駒不是都應該不知疲倦嗎？」伯樂聽後，搖搖頭說：「此言差矣。真正的好馬，要懂得在勞累時鬆弛自己，而不是一味的盲目馳騁，才能跑得更遠啊！」

陳大滿心疑惑的牽著那兩匹馬回家了。果然，沒過幾年，那匹只知瘋跑的馬很快就衰老了，而那匹懂得勞逸結合的馬卻依舊健壯，載著陳大東奔西跑。陳大這才不得不感歎，伯樂確實是真正的相馬高手。

正字正說

這兩個字雖然很容易混淆，但只要我們從它們各自的含義入手，就不難區分了。

馳，本義為車馬疾行。現在這個字有三個意思：

一、車馬等跑得很快。如奔馳、馳騁、背道而馳等。

二、傳揚。如馳名、馳譽等。

三、形容對事物的嚮往。如心馳神往。

弛，本義為放鬆弓弦。現在這個字有五個意思：

一、放鬆弓弦。如弛弓。

二、放鬆、鬆懈。如鬆弛。

三、延緩。如弛期。

四、毀壞。如廢弛。

五、解除。如弛禁、弛於負擔等。

實句 **馳騁**
實用
參加賽馬的馬匹，都像離弦的箭一樣在馬場上**馳騁**。

鬆弛
緊張的比賽終於結束了，選手們那緊張的神經也終於**鬆弛**下來，好好的放鬆一下了。

記憶要點

說起「奔馳」，「飛馳」這些詞語，人們首先想起的動物就是馬了，所以「馳」這個字當然就少不了「馬」的存在。只要記住這個字，另一個就好區別啦！

5

淳樸 vs. 醇厚

正 淳樸　醇厚

錯 醇朴　淳厚

關鍵鑰匙
淳，讀音為「ㄔㄨㄣˊ」。
醇，讀音為「ㄔㄨㄣˊ」。

錯別字小故事

　　二次世界大戰中的莫斯科保衛戰，對於蘇聯軍隊來說，是一場惡戰。但是，儘管面對來自德軍的強勁火力襲擊，蘇聯的戰士們還是戰勝種種困難，取得一個又一個戰役的勝利。

　　當大家被困在某個山頂或是高地上時，最難以克服的困難，就是缺水。長時間的缺水，使得堅守陣地的戰士嘴唇乾裂，發不出任何聲音，吹不響衝鋒號。大家心裡都很著急，再這樣拖下去，勝利的希望便會愈加渺茫。

　　這天，偵察兵帕卡洛夫偵查敵情時，發現一對捷克祖孫躺在山地上。帕卡洛夫連忙把她們帶回營地。祖母告訴帕卡洛夫，今天是她兒子一周年的忌日，她兒子的墳就在這座山上。由於小孫女十分想念爸爸，說什麼也要上山來看看。於是，她們就帶一些水和食物，躲過敵人來到山上，卻又因為體力

不支而累倒。

在場的戰士們聽後無不動容，帕卡洛夫對她們說：「你們放心，我們會照顧你們，並保護你們的安全的。」祖母聽後淳樸地笑了。忽然，她好像想起什麼似的，急忙拿出一個沉甸甸的布袋，交給帕卡洛夫，帕卡洛夫打開一看，發現裡面是滿滿的一壺水！

戰士們看到水後，真想拿起來痛飲幾口呀！然而，此時此刻卻沒有一個人行動。而帕卡洛夫也默默地把壺蓋蓋上，並將水壺遞給那位祖母，對她說：「我們這裡有水，我們不渴。謝謝您了！」那位祖母一聽，就生氣的對戰士們說：「我知道你們已經很長時間沒有水喝了！你們如果是我的孩子，就把這壺水喝下去！」

於是，水壺就開始在隊伍中傳遞著，雖然沒有人說話，可是戰地上人性的友愛，卻使這壺淡而無味的水變成醇厚的酒，使得每個士兵都沉醉在其中。

正字正說 ••

淳和醇，一個似水，一個是酒，而且讀音相同，所以這組字往往很讓人頭疼，但只要我們仔細地看一看，就不難區分了。

淳，樸實、純厚。如淳樸、淳厚等。

醇，本義是酒味濃厚。現在這個字有四個意思：

一、酒味厚、純（也指味濃的酒）。如醇酒、飲醇等。

二、古時通「純」，指純粹。

三、有機化合物的一類。如乙醇。

實句
實用

淳樸
義工是世界上最**淳樸**、最可愛的人。

醇厚
用這裡的泉水釀出來的酒，味道**醇厚**，芳香醉人。

記憶要點

「淳」一般指人的性格，如說這個人很淳厚，或說此人淳樸。也可形容音色，如音色淳美。

「醇」是指濃度高，一般指含酒精度高的酒。

6

矯正 vs. 嬌氣

| 正 | 矯正　　嬌氣 |
| 錯 | 嬌正　　矯氣 |

關鍵鑰匙
矯，讀音為「ㄐㄧㄠˇ」。
嬌，讀音為「ㄐㄧㄠ」。

錯別字小故事

　　李斯特是著名的音樂家，在當時的維也納頗負盛名。他不僅音樂技巧高超，創作出很多膾炙人口的歌曲和傳誦千古的經典，也十分善用自己的聲望提拔有潛力的年輕音樂家。

　　當時，維也納有個家裡很貧窮的姑娘，天生熱愛音樂，在艱苦的條件下，她努力學會了彈鋼琴。在嬌氣的富家小姐鬧脾氣不肯練琴的時候，她卻在假想的琴鍵上盡情彈唱。有一天，音樂老師終於對她說：「以你現在的音樂水準，可以舉辦一場獨立的音樂會了。」對於那位家境貧苦的姑娘來說，這是多麼大的鼓勵啊！因為她一直夢想著舉辦一場音樂會，讓自己的琴聲被維也納、甚至是全世界的人都聽到！

　　然而，那時候的「音樂之都」維也納，是全歐洲乃至全世界所有藝術家

的尋夢之地，年輕的音樂家更是多如牛毛。對於一位名不見經傳的小姑娘來說，想舉辦一場音樂會，無疑是一個不切實際的幻想。

有一天，小姑娘在經過李斯特的住所時，突然靈機一動！她開始籌畫一場音樂會，並在宣傳海報上聲稱自己是李斯特的學生，許多仰慕李斯特大名的人都紛紛購買了音樂會的門票。

然而，就在小姑娘舉辦音樂會的當天，李斯特卻突然出現在她的面前。小姑娘頓時驚恐萬分，慌忙向李斯特道歉。但李斯特卻沒有生氣，他只是微笑著點點頭，請小姑娘把將在演奏會上彈的曲子彈給他聽，並加以指點、矯正她的一些細微的錯誤。最後李斯特爽快地說：「妳很有潛力，別害怕，大膽地上台演奏吧。妳在海報上也沒有說謊，因為妳現在已經是我的學生了。而且，妳還可以跟劇場經理說，在最後加一個節目，妳的老師將為你演奏一首曲子。」

李斯特沒有食言，他果然為小姑娘的音樂會彈了最後一首曲子。小姑娘感動得熱淚盈眶，更加明白李斯特之所以偉大，不僅僅在於音樂上的成就。

正字正說 ···

這兩個字比較好區分，首先讀音聲調不同，意思也很不一樣，寫的時候只要稍加注意就不會寫錯啦。

嬌，這個字有三個意思：

一、（女子，小孩，花朵等）柔嫩，美麗可愛。如嬌娆。

二、嬌氣。

三、過度愛護。如嬌生慣養。

矯，有以下四種意思。

一、矯正，如：矯枉過正。

二、姓氏。

三、強壯，勇武，如：矯健。

四、假託，矯情，如：矯命。

實句 **矯正**
實用 剛上學的孩子一定要注意**矯正**寫字姿勢，養成良好的習慣。

嬌氣
對於孩子不能一味溺愛，免得養成**嬌氣**的壞習慣。

記憶要點

我們來看看這兩個字，「矯」的左半邊是一個「矢」字，是箭的意思，只有矯健的人才有力氣射箭；而「嬌」的左半邊是個「女」字，是小女孩嬌滴滴的意思。

渾濁 vs. 插科打諢

正 渾濁　　插科打諢

錯 諢濁　　插科打渾

關鍵鑰匙
渾，讀音為「ㄏㄨㄣˊ」。
諢，讀音為「ㄏㄨㄣˋ」。

錯別字小故事

　　歐亨利是美國著名的短篇小說家。他與俄國的契可夫，法國的莫泊桑並列為三大短篇小說家。

　　在這幾位著名作家裡，契可夫的作品往往短小精悍，語言簡練樸素、結構緊湊、情節生動，筆調總是幽默明快且富於音樂節奏感，寓意深刻。在當時那個渾濁的社會，他卻能發現最底層和最平凡的美麗和希望。他的作品總是給人愉快的感覺，並且富有深刻的思考。而生長在浪漫之都法國的作家莫泊桑，則擅長從平凡瑣碎中截取有意義的片段，以小見大的筆調呈現生活的真實。由於莫泊桑出色的觀察能力，他所寫出的作品往往都語言純粹，富於細節描寫、構思別具匠心。

　　相比之下，美國的歐亨利也許沒有那樣優美的語言，和如此入微的觀

察，然而他的小說構思奇特、語言詼諧，結局更是出人意料。寫作上有一種手法叫做「歐亨利式結尾」，就是表示出人意料的結尾手法。他的作品如著名的《麥琪的禮物》，描寫困境中患難與共的夫妻；《最後一片葉子》，呈現在淒風苦雨中窮人們的相互關懷；《員警與讚美詩》，敘述那個時代小人物進退兩難的無奈，都在幽默之外給人意味深長的感覺。有人評價歐亨利的小說是那個時代底層人民「含淚的微笑」，真是再合適不過了。歐亨利筆下的人物，往往都是在堅強的微笑背後，隱藏著時代和生活的心酸淒苦。就連一些只知道插科打諢的小人物，背後也有著一段故事，和難以告人的憂傷。正是這樣隱忍、內斂、不張揚的哀愁，才更容易打動人。當讀者讀完結尾，在微笑中掩卷沉思，懂得了那字裡行間所蘊含沉重的意義之後，才會收起笑容，唏噓感歎，為篇中人物歎惋不已。所以，不妨找一個安靜的午後，帶著安靜的心情，體會一下歐亨利筆下的世態炎涼，以及那個時代、那個地點，那些可愛或有趣的人們吧。

正字正說 ●●

　　渾，有以下五個意思：

一、渾濁，如渾水摸魚。

二、糊塗，不明事理，如：這人真渾。

三、天然的，如渾樸，渾厚。

四、全，滿，如渾身。

五、可以用作姓氏。

　　諢，這個字的意思比較單一，就是戲謔，開玩笑。組詞可以組為：諢號、諢名、插科打諢等等。

實句 **實用** 渾濁

經過這幾年的治理，原來渾濁的河水漸漸變得**清澈**了。

插科打諢

在朋友聚會的時候，他總是扮演著**插科打諢**的「開心果」角色。

記憶要點

這兩個字的字音只是聲調的差別，字型又很像。同樣的，要以意思來區分。

渾，只要記住「渾濁」這個詞，不但兩個字部首相同，而且什麼東西比較容易渾濁呢？自然是水了。而要表達出與水有關的這層意思，自然部首就是三點水了。

而插科打諢的諢呢，因為意思是戲謔、幽默的意思，不難想到要插科打諢自然需要語言，所以就是言字旁了。

只要掌握好這兩個字截然不同的意思，是很好區分的。

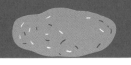
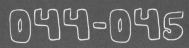

8

牆壁 vs. 完璧歸趙

正 牆壁　　完璧歸趙

錯 牆璧　　完壁歸趙

關鍵鑰匙
壁，讀音為「ㄅㄧˋ」。
璧，讀音為「ㄅㄧˋ」。

錯別字小故事

　　春秋時期，趙國的藺相如智勇雙全，他完璧歸趙的故事被眾人傳為美談，於是趙王便破格封他為上卿。

　　當時，趙國還有一位屢建戰功的大將軍廉頗。廉頗將軍驍勇善戰，戰場上總是不顧個人安危，為趙國打下一片江山。廉頗認為藺相如對趙國的貢獻沒有自己大，卻貴為上卿，位於自己之上，於是很不服氣地說：「他只是一個酸文人，平時只是動一動嘴皮子而已，卻被大王重用，我廉頗在戰場上拼了性命，為趙國打下大片的江山，現在地位卻比他還要低，若是見到他我一定會當面羞辱他一番。」廉頗的這些話自然傳到藺相如的耳裡，但他卻什麼也沒有說。

　　有一天，藺相如和幾個門客坐著馬車回自己的府邸。忽然遠遠看見廉

頗騎著馬往這邊過來。藺相如為了迴避廉頗，急忙吩咐車夫掉轉馬頭，貼著牆壁往另外一條小路上去。藺相如的幾個門客覺得很委屈，便對藺相如說：「現在大人官居廉將軍之上，而且深得大王賞識，何必這樣畏懼他，讓路給他呢？這不是更助長他的志氣，而滅您的威風嗎？」

藺相如聽後，反問道：「你們覺得廉將軍和秦王相比，誰更厲害一些？」「當然是秦王更厲害一些。」門客回答道。藺相如這才說道：「我連秦王都不怕，怎麼會怕廉將軍呢？要知道，秦國現在之所以不敢攻打趙國，那是因為有我和廉將軍在，如果我們倆不和，不正好給秦國可乘之機嗎？」

藺相如的這番話很快就傳到廉頗的耳中。廉頗聽後，覺得相比之下，自己真不算一個好臣子，不禁深感羞愧。為了表示懺悔，也為了讓藺相如原諒自己，第二天，廉頗便脫掉上衣，背著荊條到藺相如的府上親自向他道歉。從此，兩人便結為生死之交。這便是著名的成語「負荊請罪」的由來。

正字正說 ••

這組字不僅讀音一樣，寫法也相近，但只要我們區分下半部分，就不難辨別了。

壁，主要有三種釋義：

一、牆壁。如銅牆鐵壁、家徒四壁。

二、某些物品上作用像圍牆的部分。如井壁、細胞壁。

三、像牆壁一樣直立的山石。如絕壁、懸崖峭壁。

璧，是一種玉器，呈扁平圓形，中間有小孔，現在也用來泛指玉器。

**實句
實用**

牆壁

張伯伯家喬遷新居，看見新粉刷的**牆壁**和嶄新的傢俱，別提有多高興了。

完璧歸趙

完璧歸趙的功勞，使藺相如成為中國歷史上的一代名臣。

記憶要點

牆壁都是用土石砌成的，所以部首自然要帶「土」；而璧是白玉的意思，所以自然也要有個「玉」字在下面了。

⑨ 攝影 vs. 威懾

正 攝影　　威懾

錯 懾影　　威攝

關鍵鑰匙
攝，讀音為「ㄕㄜˋ」。
懾，破音字，讀音為「ㄕㄜˋ」、「ㄓㄜˊ」。

錯別字小故事

　　張之為是一位攝影記者，他非常熱在工作，常常拿著相機到處跑，去捕捉這個城市動人的細節和事件。

　　有一天傍晚，剛下過雨，天邊出現一道美麗的彩霞。張之為吃過晚飯後，便和妻子一起到河邊散步。自然，少不了帶著他從不離身的專業相機和三腳架。

　　雨後河邊，垂柳依依，再加上天邊那一道彩霞，正如古詩中所描繪的：「一道殘陽鋪水中，半江瑟瑟半江紅。」難得的是散步的人居然很少，河堤上少了往日的喧囂與熱鬧。攝影人的敏感讓張之為馬上架起三腳架，擺好相機，選好角度，準備用鏡頭記錄這個城市美好的黃昏。

　　忽然，不遠處傳來一聲恐懼的驚叫：「救命啊！」接著是重物掉進河裡

的聲音。張之為和妻子馬上意識到：有人落水了！他們馬上奔了過去。只見一個人在水裡掙扎著。

張之為心裡閃過的第一個念頭是：這是一張絕好的新聞圖片！於是，他放好三腳架和相機，然而，正當他剛要準備按下快門時，他的妻子卻一個巴掌閃過來，一向溫柔的妻子此時眼裡透出一種不可抗拒的威懾，她憤怒地說：「我不會游泳，你趕緊下去救人！」

張之為這才醒悟過來，頓時感到羞愧難當。他馬上跳進了水裡，救起不省人事的落水者，並送到醫院救治。

幾天後，張之為去參觀一場攝影展，因為那天急於救人，所以沒有來得及準備參展的作品，所以他只是抱著欣賞的態度前往。然而，等他來到展覽現場，竟然看見一副署名「張之為」的作品。照片中，一個人跳入水中，並奮力地游向一隻求生的手臂，照片的題目就叫《英雄》。張之為這才恍然大悟，並為自己有這樣的妻子而感到自豪！

正字正說 ••••••••••••••••••••••••••••••••••••••

這兩個字區分的難度在於讀音相同，字形也相近。

攝，主要有四個意思：

一、吸取。如攝食、攝取等。

二、攝影。如攝製。

三、代理。如攝政。

懾，這個字組成的詞多用在書面語當中，形容「害怕、使……害怕」的意思，如威懾、懾服。

實句
實用

攝影

小王是個**攝影**愛好者，所以經常看到他拿著相機到處跑。

威懾

作為一個團隊的領導，要具有一點**威懾**力，才能將團隊管理得更好。

記憶要點

　　攝影中，攝影師必須要用手去搞定一切，所以攝影的「攝」自然是提手旁。而「威懾」則是發自人內心中的感受，所以必然是表示心情的心字旁。

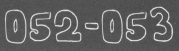

⑩

獎券
VS.
手不
釋卷

正 獎券　手不釋卷

錯 獎卷　手不釋券

關鍵鑰匙
券，讀音為「ㄑㄩㄢˋ」。
卷，破音字，讀音為「ㄐㄩㄢˇ」、「ㄐㄩㄢˋ」

錯別字小故事

　　著名文學家魯迅喜歡讀書，他把讀書看做是比自己的生命更重要的一件事情。

　　魯迅出身於地主家庭，但在他父親那代就家道中落了。原本可以不費吹灰之力讀到很多書的他，為了讀書，卻要省吃儉用。為了能夠讀到更多的好書，魯迅付出了很多艱辛的努力。

　　少年時的魯迅曾在江南水師學堂讀書，他很努力，悟性也非常高，深得老師賞識和同學的佩服，因此各種獎勵總是少不了他。有一次學校發獎學金給成績優秀的學生們，魯迅也得到了一筆，而且是最高的獎項。其他得獎的同學都把錢用來買零食、玩具，或者是出去大吃一頓，有的甚至乾脆去買獎券碰運氣。魯迅卻直奔書店買了好幾本書，都是他平時朝思暮想的外國文學

名著。買了書回到家，魯迅就看了起來。一讀下去不覺天色已晚，當時正值嚴冬，魯迅從書裡的世界醒過來，看看外面冰天雪地的，低頭想了想，看見自己還剩了一些錢，就跑出去，在還沒收攤的小販那兒又買了一串紅辣椒。

看到這兒也許你會奇怪，買辣椒做什麼呢？原來，一切都是為了讀書。魯迅太愛讀書，不但白天手不釋卷，連晚上都要挑燈夜戰。但到了冬天，外面天寒地凍，屋裡又沒有炭盆火爐，有時比外面還冷。所以魯迅讀書時一直手拿一串紅辣椒預備著，一旦感覺冷了，便吃一口辣椒，辣得滿頭冒汗便不覺得冷了。

正字正說 ···

「券」和「卷」也是一組容易讓人頭暈的字，但只要我們分別記住他們的意思和部首，便不難區分了。

券，表示參加某種活動的憑證。券是古代的契據，常分為兩半，雙方各執其一，所以要用「刀」分成兩半。現在的含義擴大為表示票據或作為憑證的紙片。如證券、獎券等。

卷，讀音為「ㄐㄩㄢˋ」時，主要有四種意思：

一、書本。如卷帙、手不釋卷等。

二、指古代書籍的內容編排（相當於現在圖書的章節）。如卷一、第一卷等。

三、指考試的卷子。如答卷、交卷等。

四、指機關裡保存的文件。如卷宗、調卷。

實句
實用

獎券

不管是政府主辦還是私人募集的**獎券**，一旦太過沉迷其中，都可能造成不良的後果。

手不釋卷

自從網路成為人們瞭解資訊的最重要管道後，**手不釋卷**的讀書人就越來越少了。

記憶要點

在所有的「入場券」中，一般都會分成兩部分，而當我們進公園或電影院時，工作人員都會用剪刀把副券部分剪下來，所以「券」的下半自然就會有「刀」；而「卷」字的下半部分，其實正好像一冊書卷的側影。

Chapter2
意義相似的字

不要以為寫錯字只是因為兩個字長得像！本章所選的十個字乍看之下，外形毫無共通點，但在歷次的國文考試、平日的生活應用中卻屢屢出錯。更為關鍵的是，出錯者往往錯得理直氣壯，有憑有據。你不相信嗎？那就看完本章後再提出抗議吧！

① 屈服 vs. 彎曲

正 屈服　彎曲

錯 曲服　彎屈

關鍵鑰匙
屈，讀音為「ㄑㄩ」。
曲，破音字，讀音為「ㄑㄩ」、「ㄑㄩˇ」。

錯別字小故事

陶淵明是東晉著名的文學家，他曾經寫下很多膾炙人口的優美詩句，其中《飲酒》、《青松》等詩，開創山水田園詩派的新局面。陶淵明不只文采出眾，在人品上也是中國知識份子的典範。

陶淵明曾在一首詩裡寫道：「少無適俗韻，性本愛丘山。誤落塵網中，一去三十年。」陶淵明做過幾年官之後，便開始厭倦官場的傾軋和爭鬥，於是毅然辭去官職，告老還鄉。找了一處山水田園，耕田種菜，自給自足，過著怡然自得的生活。

當然，由於受經濟條件的制約，陶淵明只能每天喝稀粥、吃青菜，而且還得每天沿著門前彎曲的小路挑水做飯。

雖然陶淵明當時已經辭官，但朝廷一直仰慕他的才華，幾次抬著大轎請

陶淵明去縣裡做官，不僅官居顯位，而且俸祿豐厚，這對很多人來說，實在求之不得的事。但陶淵明實在不願意踏足那腐敗污濁的官場，所以即使是八人大轎也請不動他。儘管當時他生活很貧窮，前來求他做官的人舉著白花花的銀子告訴他，一旦做了官，就會榮華富貴一輩子。可是陶淵明長袖一甩，嚴詞拒絕：「我兩袖清風，終老鄉間，這些濁臭之物怎會讓我屈服？」

從此，陶淵明繼續流連在他所熱愛的山水間，寫出很多優美的詩句，而他自己的一生，也成為「貧賤不能移」的絕唱。

正字正說

「屈」和「曲」這兩個字不但讀音一樣，而且意思也相同，所以要區分它們確實有一定的難度。不要緊，我們先來看看這兩個字的意思吧。

屈，本義是彎曲的意思。現在這個字有釋義：

一、彎、彎曲，跟「伸」相反。如屈膝、屈指可數等。

二、妥協、服從。如屈從、寧死不屈等。

三、冤枉、被誤解。如屈才、屈辱等。

四、無理、理虧。如理屈詞窮。

五、委屈地處於較低的地位。如屈居。

曲，讀音為「ㄑㄩ」時，本義是彎曲的意思。現在這個字有以下兩個釋義：

一、彎，跟「直」相反。如曲線、蜷曲等。

二、不正確，沒有理。如曲解、是非曲直等。

讀音為「ㄑㄩˇ」時，指文體名或者歌譜。如戲曲、曲高和寡等。

實句 實用

屈服

跆拳道國手蘇麗文在北京奧運雖敗猶榮，永不**屈服**的精神，值得我們學習。

彎曲

這條**彎曲**而幽靜的小路，一直通向幾無人跡的深山。

記憶要點

　　「曲」和「屈」有的時候可以通用，而且由於兩個字的原意相同，所以很難區分。我們這裡教給大家一個方法：重點就是記住「曲」的字形，從字形來看，它是拐來拐去的，像九曲十八彎，互相交錯的小路。所以，當我們遇到「曲折」這樣的意思時，自然就想起這個字了。

2

精粹
vs.
出類
拔萃

| 正 | 精粹 | 出類拔萃 |
| 錯 | 精萃 | 出類拔粹 |

關鍵鑰匙

粹，讀音為「ㄘㄨㄟˋ」。

萃，讀音為「ㄘㄨㄟˋ」。

錯別字小故事

　　春秋戰國時期有很多有趣的故事，這些故事中體現出人性精神的精粹。下面一段管仲和鮑叔牙「千金之交」的故事，就是一個典型。

　　春秋時期，管仲和鮑叔牙是兩個從小玩到大的朋友。成年後，兩個人就合夥經商。有生意的時候，管仲總是要從中多佔一些便宜，知情的熟人都看不下去，可是鮑叔牙卻為管仲說話：「管仲不是貪心，而是因為他家裡比較不好過，做生意的錢，都得補貼家用。」兩人的生意，一直都是管仲出主意，但他們倆的生意最後還是失敗了。旁人都說管仲愚蠢，可是鮑叔牙卻認為管仲擁有出類拔萃的智慧，生意不成功只是因為沒有遇上好時機而已。

　　後來，鮑叔牙和管仲分別投奔齊國的公子小白和公子糾門下。後來，公子小白在爭奪王位時打敗公子糾，公子糾被處死，曾經輔佐過公子糾的管

仲，也被囚禁起來。鮑叔牙並沒有因為自己的主子獲勝而得意，反而向當時齊桓公（原來的公子小白）力薦管仲。後來齊桓公果然拜管仲為相，鮑叔牙也一點都不計較管仲的位子在自己之上。管仲後來感歎道：「生我者父母，知我者鮑叔也。」

正字正說 ●●●

「粹」和「萃」這兩個字讀音一樣，意思也有相同之處，但只要我們記住這兩個字的基本義思，就不難區別了。

粹，本義是指精米。現在這個字有三個意思：

一、純一、不雜。如純粹、粹白等。

二、精華。如精粹、國粹等。

三、通「萃」，指齊全、集聚。

萃，本義是指草叢生的樣子。現在這個字有三個意思：

一、聚攏。如人文薈萃。

二、聚集起來的人或事物。如出類拔萃。

三、姓氏。

實句實用

精粹
京劇是中國文化的**精粹**。

出類拔萃
在學習方面，小容一直都是**出類拔萃**的典範。

記憶要點

　　我們可以用兩個詞來區分這兩個字。第一是「精粹」，這兩個詞都是米字旁；第二是「薈萃」，這兩個字都是草字頭。只要記住部首一樣，就能寫對了。

3

贓款
VS.
骯髒

正	贓款　　骯髒
錯	髒款　　贓肮

關鍵鑰匙
贓，讀音為「ㄗㄤ」。
髒，讀音為「ㄗㄤ」。

錯別字小故事

　　瑞士的琉森是一個和平寧靜的小鎮，小鎮裡有一群檢察官，為了社區居民的平安，不分晝夜的辛苦工作著。

　　這群檢察官裡，有一名叫琳達的女檢察官，文靜秀美，平時說話時都是輕聲細語的，如果只是站在那裡，你會以為她是個老師或護士。但每次她到小鎮裡遍訪民情，遇見不公正的事情時，她都會盡全力為居民解決。小鎮裡的每個人，都很喜歡這位漂亮而又盡職盡責的檢察官，他們把琳達稱為「我們的檢察官」。

　　有一次，小鎮裡的老人來到檢察院，要求上面撥一筆款項給小鎮做一些公共運動設施，讓孩子放學後有固定的地方活動。琳達覺得很有道理，就向市政府反映了這個情況，上級很快就批准，準備撥一筆款給琉森小鎮。

　　但全鎮的人盼望了幾個月，還不見款項撥下來。琳達坐不住了，於是親自去市政府詢問，得到的答覆竟然是：款項早已撥下去了！

　　市政府裡有一個琳達的朋友，他把琳達偷偷地拉到一邊，悄悄地說：「你還不知道嗎？撥給下面的這些款項都要經過副市長麥克之手，你們的款子，多半是被他給吞了。不過他有權有勢，你就別管了，等下次吧！」

　　琳達聽後，大為吃驚，說：「這怎麼行！原來乾乾淨淨的一筆款項，現在卻成為贓款，作為檢察官，我怎麼能不管？」於是，琳達開始積極的調查蒐證，也經過很多人的威逼利誘，但是她沒有恐懼也沒有退縮，終於將副市長繩之以法。於是那筆款項很快到位了，小鎮居民有了新的活動器材，他們由衷地感謝勇敢的琳達。琳達也十分高興，她又想起自己當檢察官的初衷：消除一切骯髒和不平，讓世界變得潔淨美好！

正字正說 ●●●

　　這兩個字，一個是抽象的「贓」，一個是具體的「髒」，只要弄清這一點，就不難區分它們的用法了。

　　贓，本義是指贓物。現在這個字多用於形容偷盜、貪污或受賄等所得的錢物。如贓車、貪贓枉法等。

　　髒，主要有兩個意思：

一、指有塵土、汗漬、污垢等。

二、不乾淨。如髒衣服、髒話等。

實句
實用

贓款

這些**贓款**，全都被那些大貪官們吃進肚子裡了。

骯髒

讓我們一起努力改變世界上所有**骯髒**的東西，讓地球變得潔淨起來。

記憶要點

這兩個字意思上是有差別的，雖然都是不乾淨的東西，但是一個是抽象含義，一個是具體感官。贓款的贓，我們可以想想，一定會跟錢有關，錢當然是很多人的寶貝，所以自然是貝字旁；而骯髒兩個字都是骨字旁喔，記住這兩點，也就不難區分了。

4

更迭 VS. 疊加

正	更迭　　堆疊
錯	更疊　　堆迭

關鍵鑰匙
迭，讀音為「ㄉㄧㄝˊ」。
疊，讀音為「ㄉㄧㄝˊ」。

錯別字小故事

　　很久很久以前的遠古時代，一個美麗的小女孩在煙波浩渺的東海邊玩耍。小女孩看見東海的水清澈碧藍，心中十分歡喜。於是將雙足踏進海水中玩耍。這個女孩叫女娃，是炎帝的小女兒。

　　女娃覺得還不過癮，於是又將雙腿浸入水中。那時天氣燥熱，女娃剛一踏進清涼的海水，便覺得清爽無比，於是咯咯的笑起來。那動聽的笑聲感染了很多飛禽走獸，都停下來駐足觀望，欣賞女娃出水芙蓉的清麗。

　　正在開心玩耍的女娃沒有料到，美麗竟然會招致災禍。東海之王聽到她銀鈴般的笑聲後，便從海宮裡探出頭來觀望。當他看見女娃時，不禁驚為天人。儘管海宮裡美女成群，清秀可愛的童男童女更是成千上萬，可是東海之王還從沒見過女娃這樣天然清麗的人。

看著看著，東海之王就起了壞心。心想，這樣美麗的娃娃，不如讓她到海裡來，天天陪在自己身邊，這樣每天都能欣賞到她的美麗，不是很好嗎？

想到這裡，東海之王便開始興風作浪，他召喚來很大很大的風，向岸邊毫無反抗之力的女娃撲去。等天真的女娃回過神來時，早已來不及了。只見一時間天昏地暗，風雨大作，一陣陣巨浪拍打來⋯⋯等到天氣重新晴朗，女娃早已不見蹤影。

從此以後，東海上出現一種從未見過的鳥。每天飛到東海岸邊銜來石子，往東海裡扔，並且發出「精衛、精衛」的叫聲，於是人們便把這種鳥叫做精衛鳥。隨著朝代更迭，轉眼間已經千萬年過去了，堆疊在海底的石頭越來越多，精衛鳥卻一刻也不曾停歇，依然日復一日重複著同樣的工作。於是人們便開始猜想，這精衛鳥一定是女娃的化身，因為痛恨東海龍王奪取她的生命，便發誓要將東海填平才善罷甘休。

正字正說 ●●●

這兩個字雖然讀音一樣，意思也相近，但它們一個是指時間上的，一個是指空間上的。

迭，本義是指交替，輪流。現在這個字有三個意思：

一、輪流、更換。如更迭。

二、多次、屢次。如迭有所聞、高潮迭起等。

三、及、趕得上。如忙不迭、叫苦不迭等。

疊，本義為重疊，有以下兩個意思：

一、一層加上一層。如重疊、重巒疊嶂等。

二、折疊（衣物、紙張）。如疊衣服、疊積木等。

實句 實用 更迭

世事**更迭**，一轉眼不知又過了多少個年頭。

堆疊

不斷**堆疊**的石板，顯示了表演者的硬功夫。

記憶要點

「迭」表示的是時間上的變化，而「疊」是空間上的增加。另外，只要我們記住那個寫法複雜的「疊」字，自然就記住那個簡單的「迭」字了。如「疊」這個字，三個「田」字一層一層又一層的「疊」起來，是不是很具形象，而且很好記呢？

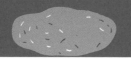

5

煩惱 VS. 繁複

正　煩惱　　繁複

錯　繁惱　　煩複

關鍵鑰匙
煩，讀音為「ㄈㄢˊ」。
繁，讀音為「ㄈㄢˊ」。

錯別字小故事

　　蘇步塵是一名年輕的油畫家，最近他正為眼前的這幅畫費盡心思。因為他想用這幅畫去參加一個月後的油畫展覽。所以蘇步塵畫這幅畫時，畫得十分認真。

　　創作終於接近尾聲了，蘇步塵不禁停下來細細的端詳自己這幅作品，火紅的楓葉林，身著白裙的女孩，孤獨美麗的身影，優美詩化的意境……真是一幅上乘之作！蘇步塵不禁自我陶醉地把畫筆一揮，這一揮不要緊，卻把身邊用來勾畫線條的黑色顏料打翻了。蘇步塵低頭收拾東西，卻看到一個令他差點暈過去的景象：畫著美麗楓葉的畫布上，現在沾上一塊不大不小的黑色顏料！

　　蘇步塵非常懊惱，交畫的期限馬上就要到了，再重新畫一幅已經來不及了，這該如何是好？

　　正在蘇步塵一籌莫展的時候，門鈴忽然響了。蘇步塵打開門一看，原來是他那同樣愛好畫畫的小侄子。小侄子進門看了一眼那幅畫，問道：「叔叔，你這畫快畫完了吧？」

　　蘇步塵正愁眉苦臉，又懊悔又煩惱，現在一提畫就來氣，於是沒好氣地說：「畫什麼畫，不畫了！」小侄子又看了看那幅畫，說：「咦，為什麼不畫了？畫上叢林裡的小狗真好看。」

　　蘇步塵一聽，忽然靈光一現，疾步走到畫布前，仔細的看了看那團墨蹟，果然越看越像小狗！於是，他頓時來了精神，兩三筆就把那團顏料變成一隻藏了半截身子在楓葉林裡的小狗，這樣不僅整個畫面更加豐富，意境也更加妙趣橫生。原來，事情本來沒有那麼繁複，而小侄子天真的一句話，正

正字正說 ••

好為畫作引出神來之筆！

　　「煩」和「繁」一個表示感覺，一個是指的是事物，只要認識到這一點，就不會弄錯了。

　　煩，本義是指頭痛發燒。現在這個字有四個意思：

一、苦悶、急躁。如煩躁、心煩意亂等。

二、厭、厭倦。如厭煩、不耐煩等。

三、又多又亂。如煩瑣、不厭其煩等。

四、用作敬語，表示請、托。如有事相煩、勞煩等。

　　繁，本義是指眾多。現在這個字有四個意思：

一、複雜、頭緒多，跟「簡」相反。如繁雜、紛繁等。

二、滋生、增多。如繁殖、繁育等。

三、興旺、茂盛。如繁華、繁榮昌盛等。

四、數量眾多、多種多樣。如頻繁、滿天繁星等。

實句
實用

煩惱

每個人都曾經擁有過無憂無慮、沒有**煩惱**的童年時光。

繁複

花樣**繁複**的蘇繡，一直是大家喜歡的一種藝術。

記憶要點

「煩」與「繁」同音而義相近，有時可通用，如煩瑣與繁瑣、繁雜與煩雜、繁難與煩難，但這兩個字的字義還是有所區別的。

「煩」表示人的心態，有三層意思：一是煩悶，如煩亂、煩躁、心煩意亂等；二是厭煩，如不耐煩、這些話都聽煩了等；三是煩勞，如煩勞您捎個信等。又可以表示又多又亂，如煩雜、要言不煩等。

「繁」主要表示事物的繁多、複雜，如繁複、繁華、繁麗、繁茂、繁密、繁榮、繁重、紛繁等。也可以表示繁殖的意思，如繁衍、繁育等。

6

含辛茹苦 vs. 涵養

正 含辛茹苦　　涵養

錯 涵辛茹苦　　含養

關鍵鑰匙
含，讀音為「ㄏㄢˊ」。
涵，讀音為「ㄏㄢˊ」。

錯別字小故事

　　小如從小就覺得，媽媽壓根就不喜歡自己。小如有一個妹妹，叫做小米。媽媽每次給姐妹倆買衣服，給小米的那件一定是最漂亮的。每次分糖果和蛋糕，媽媽也總是給小米的多一點。

　　更奇怪的是，媽媽平時表現得很有涵養，說話的聲音也是溫柔如水的，可是一旦小如跟小米爭吵時，媽媽就大聲斥責小如，要她讓妹妹。每次小如感到委屈時，媽媽卻總是說：「你是姐姐，要讓小米。」

　　小如長大後，當她想起媽媽在並不寬裕的環境下，含辛茹苦的把她們姐妹拉拔大時，都想要上去握一握媽媽的手。可是，一想起自己從小受到的不公，心裡就有一股怨氣。漸漸地，小如對家的感情也變得淡薄了，她畢業以後，就去了一個離家很遠的地方工作。

後來，小如聽說媽媽累倒了。小米和爸爸勸她回家看看媽媽，但小如想到自己小時候受到的不公平待遇，便總是故意拖著不回家。

等小如終於回到家中時，發現爸爸和小米都哭得像淚人兒似的，她這才知道媽媽得了癌症，已經去世了。媽媽臨終前，給小如留下一封遺書。從媽媽的遺書中，小如明白了一切。原來，小米是媽媽去世多年的最好朋友的女兒，為了照顧好小米，並且不讓她自卑，媽媽一直把小米當成自己的女兒。媽媽在信的最後說：「媽媽知道，媽媽一直對不起你，媽媽希望你能對小米好一點。請記得，媽媽永遠愛你！」

看完媽媽的遺書，小如對於媽媽虧欠多年的淚水，終於奪眶而出。

正字正說 ••

「含」和「涵」讀音一樣，意思也相近，而且很多時候還相互混用，常常給大家造成兩個字無論在什麼情況下，都可以通用的錯覺。但實際上，它們之間在使用的過程中，還是有所區別的。

含，本義是含在嘴裡。現在這個字有六個意思：

一、東西放在嘴裡、不嚼不咽。如口含片。

二、藏在裡面、包括在內。如含義、包含等。

三、含著某種感情不表露。如含笑、含恨等。

四、容忍、忍受。如含冤、含辛茹苦等。

五、馬虎、不認真。如含糊。

涵，本義是沉浸。現在這個字有三個意思：

一、包含、包容。如涵養、內涵等。

二、涵洞，指溝渠與鐵路、公路等相交的地方，使水從路下流過的通道。如涵管、橋涵等。

實句 **含辛茹苦**
實用 媽媽**含辛茹苦**的把我們扶養長大，我們一定要好好的報答她。

涵養
楊老師不但才華橫溢，而且也是一位非常有**涵養**的人。

記憶要點

「含」與「涵」都有包含、包容的意思，但用法不盡相同。「含蓄」與「涵蓄」通用，但一般都用首選詞型「含蓄」；「含義」與「涵義」也通用，但一般都用首選詞型「涵義」。

反映概念的內容，稱「內涵」；某一事物包括、包容的內容，稱「涵蓋」，這裡都只能用「涵」。表示人能控制情緒的修養功夫叫「涵養」，與此有關的「涵容」、「包涵」、「海涵」等，都不能用「含」。

若表示內藏而不外露的，如含笑、含羞、含悲、含淚、含怒、含恨、含冤、含苞待放等，也只能用「含」，不能用「涵」。

7

水乳交融 VS. 溶洞

正	水乳交融　　溶洞
錯	水乳交溶　　融洞

關鍵鑰匙
融，讀音為「ㄖㄨㄥ ˊ」。
溶，讀音為「ㄖㄨㄥ ˊ」。

錯別字小故事

公司職員小李最近有一件煩惱的心事。人事部的張經理最近要升官了，留下經理的職位不知道由誰來擔任。按理說，本來應該是小李，因為人事部的幾個職員中，小李資歷最深。但是，幾個月前，人事部調來一個新同事小張，他年輕、熱情，大家都對他照顧有加，連小李自己也滿喜歡他。直到有一天，小李聽一個消息靈通的同事透露，原來小張正是張經理的親弟弟！

在臨升官前把弟弟調進自己的部門，這用意不是很明顯嗎？雖說張經理平時對員工一視同仁，可是偏私之心，人皆有之，人家可是水乳交融的親兄弟啊！於是在全部門的眼裡，小張儼然成為未來人事部經理的唯一人選了。

小李當然不甘心了，自己辛辛苦苦做了好幾年了，憑什麼把經理的位置拱手讓人呢？小李正在苦惱時，忽然想起最近自己和張經理有三天的公休

假。於是小李靈機一動，邀請張經理一起去郊外新開發的溶洞（編按：就是指有雨水或地下溶解侵蝕石灰岩層所形成的空洞，亦稱鐘乳洞、石灰岩洞）去遊玩，張經理爽快地答應了。

溶洞附近一片青山綠水，再加上風和日麗的天氣，使人身心無比舒暢。可是小李卻總是心事重重，無暇顧及眼前的美景，一路上總是想找機會跟張經理談工作，但每次張經理總是擺擺手說：「出來玩，不要談工作上的事。」小李沒有辦法，只好一路上搶著付錢。張經理只是微笑著，也不推辭。

遊玩回來後，小李的心情更加沮喪，心想此行一點收穫也沒有。眼看張經理就要調走了，這經理的位置，看來自己真是沒指望了。

有一天，小李忽然看到自己的辦公桌上放著一個信封，他急忙打開一看，裡面剛好是自己和張經理出去遊玩時，路上替張經理付的錢，信封裡還裝著一張委任書，任命小李為人事部經理，並且還附上了一張紙條，上面是張經理的筆跡：有能力就不要懷疑自己！

正字正說 ....

「融」和「溶」也是兩個可以相互通用的字，但在用法上仍然存在很大的區別。

融，現在這個字有三個釋義。

一、融化。如消融，春雪易融等。

二、融合，調和。如融洽，水乳交融等。

三、流通。如金融。

溶，這個字的意思比較單一，是「溶化，溶解」的意思。如溶劑、溶液等。

實句 實用

水乳交融

這部電影裡，兩個小主角的表演默契十足，可謂**水乳交融**。

溶洞

溶洞景觀是十分寶貴的旅遊資源。

記憶要點

在與「溶」字組成的片語中，很多意思都與水有關。如砂糖放在熱水中就會溶化，所以這裡的「溶化」就不能用「融化」來代替，因為與水密切相關，有「溶解在水裡」的意思。

8

跡象 vs. 成績

| 正 | 跡象　　成績 |
| 錯 | 績象　　成跡 |

關鍵鑰匙
跡，讀音為「ㄐㄧ」。
績，讀音為「ㄐㄧ」。

錯別字小故事

　　李沂謙和林昭翰從小就是好朋友，但沂謙表現得很笨拙，而昭翰卻很聰明。兩人上中學後，昭翰就讀於市內最好的中學，而沂謙則進了市內最差的中學。雖然兩個人還是好朋友，也經常在一起玩，但漸漸的，昭翰覺得自己多了幾分優越感，於是總會在沂謙面前炫耀自己到底有多厲害，而沂謙是憨厚地笑著，一句話也不說。

　　上中學以後，昭翰開始不像小學那樣努力了，再加上朋友漸漸多了，接觸的新鮮事物也多了，昭翰開始迷上網路遊戲。而對於學習，倒是一點上進心的跡象都沒有。因為他總是覺得自己很聰明，就算不認真學習，考試時也一樣取得好成績。

　　而沂謙雖然還是那樣的笨拙，但卻從來沒有放縱自己，儘管上課時教室

裡亂哄哄，他卻總是能夠全神貫注地聽老師講課。此外，他還經常追著老師問問題，老師們從來沒想到這所學校裡竟然有這麼用功的學生，於是十分耐心地幫他解答問題，漸漸的，沂謙開始掌握各種有效的學習方法。

　　轉眼間，三年過去了，考完國中基測後，昭翰和沂謙分別拿到成績單。昭翰只能勉強考上高中，這個成績早已在他的預料之中，然而，讓他跌破眼鏡的是，沂謙竟然考上前三志願。

正字正說

　　「跡」和「績」兩個字雖然讀音相同，但意思卻有很多的區別。

　　跡，本義為留下的印子。現在這個字有三個意思：

一、留下的印痕。如蹤跡、筆跡、痕跡等。

二、前人遺留的事物。如遺跡、古跡等。

三、通「績」，指奇特的事情、行為，如：形跡可疑。

　　績，本義為把麻纖維披開接續起來搓成線。現在這個字有兩個意思：

一、功業、成果。如成績、豐功偉績等。

二、把麻等纖維接起來搓成繩。如紡績、績麻等。

實句實用

跡象
春天到了，一切都顯示出生機勃勃的**跡象**。

成績
優秀**成績**的取得，都是源自於艱苦的努力和奮鬥。

記憶要點

　　「跡」表示留下的痕跡，如足跡、蹤跡、印跡、筆跡；前人留下的遺跡，如古跡、陳跡；人們做過的事情，如事跡；還有形跡、跡象等。

　　「績」則表示業績，如成績、功績、戰績、勞績等。然而「先前事蹟、光榮事蹟」主要指已做過的事情，所以用「事蹟」而不用「事績」。

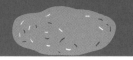

9

夢寐
以求
vs.
睡眠

正	夢寐以求　　睡眠
錯	夢眠以求　　睡寐

關鍵鑰匙
寐，讀音為「ㄇㄟˋ」。
眠，讀音為「ㄇㄧㄢˊ」。

錯別字小故事

　　你能想像的到嗎？一個重度癱瘓的女子，整日躺臥於病榻，脖子以下無法自由活動，卻寫出很多優美的散文，並且自己學會英語和針灸的知識，用這些知識幫助許多病人恢復了健康。這不是神話，而是發生在張海迪身上的真實故事，在她的成就背後，包含著常人無法想像的艱辛和汗水。

　　現居中國大陸的張海迪雖然重度癱瘓，但為社會做貢獻仍然是她夢寐以求的願望。她可以選擇終日臥在病床上，讓親人照顧她的生活起居，但為了實現心中的願望，她卻利用一切時間，甚至犧牲自己寶貴的睡眠，努力學習。由於張海迪脖子不好活動，不方便看書，她就讓媽媽搬來鏡子，利用鏡子的反射來讀書。正是這個方法，讓張海迪讀了很多勵志書，在這些書的鼓舞下。她慢慢地開始嘗試寫作，她的散文很快就在各大報刊上發表，並且受

到人們的歡迎，很多讀者都稱讚她的文章是對心靈的一次洗滌。

後來，張海迪又用同樣的方法自學英語，並熟練掌握聽、說、讀、寫技能。再後來，隨著醫學的進步，張海迪能夠在輪椅上坐起來了。她經過刻苦的練習和實踐，把自己從書上學來的針灸術用來為大家服務，成為一名自學成功優秀醫生。

張海迪終於實現了自己的心願，成為殘而不廢的楷模。

正字正說

「寐」和「眠」這兩個字都有睡覺的意思，但由於讀音不一樣，所以還是很好區別的。

寐，睡覺的意思，常用於書面語中。如假寐、不寐、夢寐等。

眠，這個字有兩個意思。

一、睡眠。如長眠，失眠等。

二、某些動物的一種生理現象，在較長時間內不吃不動。如冬眠。

實句 實用 夢寐以求

做一個成功的音樂家，是莫札特**夢寐以求**的目標。

睡眠

中學生要保持每天至少八小時的**睡眠**時間。

記憶要點

　　只要我們記住這兩個字的讀音，並且在記憶片語的時候，準確記住它們是用於哪些片語，就一點也不難區別了。如要記住「寐」這個字時，可以組詞為「夢寐以求」、「夙興夜寐」等；要記住「眠」這個字時，可以組詞為「睡眠」、「安眠」等。另外，需要記住的是，相比「眠」字，「寐」字主要用於書面用語。

⑩

虎視眈眈 vs. 耽擱

正	虎視眈眈　　耽擱
錯	虎視耽耽　　眈擱

關鍵鑰匙

眈，音為「ㄉㄢ」。

耽，音為「ㄉㄢ」。

錯別字小故事

　　波蘭著名的音樂家蕭邦，可謂是家喻戶曉。蕭邦出生於一個普通的家庭。可能是受波蘭人能歌善舞的薰陶，蕭邦從小就喜歡波蘭的民間音樂。不到七歲，他就寫出後來名滿全球的《波蘭舞曲》，八歲時就已經登台演出，並且博得大家的認可。後來，在另一位著名音樂家李斯特的幫助下，不滿二十歲的蕭邦，成為最偉大的鋼琴家和作曲家。

　　才華橫溢的蕭邦，在柔弱的外表下隱藏著一顆堅強的心。蕭邦年輕時，俄國就對波蘭虎視眈眈，後來悍然佔領波蘭。在蕭邦的後半生，波蘭一直處在亡國的恥辱當中，蕭邦不得不在國外度過。思鄉之情與亡國之恨，讓蕭邦的作品裡帶著無可名狀的濃烈愛國情懷。如與波蘭民族命運相關的英雄史詩作品《第一敘事曲》、哀歎祖國悲劇命運的《降b小調奏鳴曲》，還有懷念祖

國、思念親人的幻想作品。

　　一八三七年，蕭邦的音樂得到沙皇的賞識，沙皇親自來聽他演奏，並要賜予他最高榮譽。但是蕭邦卻堅決拒絕俄國授予的「俄國皇帝陛下首席鋼琴家」的職位。這種「不為五斗米折腰」的精神得到很多音樂界人士的欣賞。著名音樂家舒曼稱讚他的音樂像「藏在花叢中的一座大炮」，用剛強的聲音向全世界宣告：「波蘭不會亡。」即便是旅居國外，蕭邦也是心繫祖國，經常用精湛的鋼琴演奏舉行募款演出，也因此獲得「鋼琴詩人」的美譽。

　　雖然聲名顯赫，蕭邦的晚年卻異常孤寂。他一直盼望著回到祖國，卻總是因為時局等問題而耽擱行程。在一次演奏會上，淚流滿面的蕭邦痛苦地自稱為「遠離母親的波蘭孤兒」。臨終時，他特地囑附親人，把自己的心臟運回祖國。

正字正說 ●●●●●●●●●●●●●●●●●●●●●●●●●●●●●●●●●●●●●

　　「眈」和「耽」這兩個字雖然看起來很像，讀音也一樣，但意思卻差別很大。

　　眈，用來形容眼睛注視。如眈眈相向、虎視眈眈等。

　　耽，主要有兩個釋義：

一、延誤，遲延。如耽擱，耽誤等。

二、沉溺，入迷。多用於書面語中，如耽玩，耽於幻想。

| 實句 | 虎視眈眈 |
| 實用 | 他一直對總經理的寶座**虎視眈眈**，野心實在是太大了。 |

耽擱

他一直想回故鄉看望自己的父母，卻由於工作上的事一直**耽擱**至今。

記憶要點

　　這兩個字的字形實在太相近了，不好區分，但只要我們稍微聯想一下，就不難分辨了。如「虎視眈眈」是要用眼睛看的，所以這裡的「眈眈」就必須有「目」（眼睛）。只要記住這個，那麼「耽擱」的「耽」就不難區別了。

Chapter 3
那些「真假難辨」的字啊！

總有一些國字，單獨看時非常普通，一旦提筆卻讓人猶豫不決。你能想像四平八穩的國字，會造出多麼玄幻的迷宮嗎？秉持著小心翼翼的精神，往前闖關吧，小心別在其中迷路啦！

①

辯解 vs. 辨別

正 辯解 　 辨別

錯 辨解 　 辯別

關鍵鑰匙
辯，讀音為「ㄅㄧㄢˋ」。
辨，讀音為「ㄅㄧㄢˋ」。

錯別字小故事

　　第二次世界大戰後期，英美盟軍的隊伍裡混進很多德國特務，他們大多訓練有素，說一口標準而且流利的英語，生活習慣也和英美人極為相像，所以很難辨別。

　　有一天，兩個盟軍士兵在巡邏的時候抓住一個可疑的人，這個人平時在軍營裡就不喜歡跟大家交流，這次又被發現在牆角和另一個已經逃脫的人交接東西。被抓住的時候，他手裡的東西早就不見了，但是盟軍軍方幾乎可以肯定是交給德國軍隊的秘密軍情。可是沒有人證、物證，也不能輕易判他的罪。當下最好的辦法，就是讓這人在毫無防備的情況下，顯露出他德國人的特徵。

　　於是盟軍就把這個人關進牢房，每天透過一個秘密通道觀察他的生活

起居。只見他每天正常的吃、喝、睡覺，用英語向上帝祈禱。漸漸地，盟軍耐不住性子，想出了一個招數。他們在牢房前燃起一把火，想製造火災的假像，讓他在情急之下說出德語。結果這個人看見著火，立刻用英語大叫：「救命啊！」後來，看見火勢漸微，他又用同樣標準的英語說：「感謝上帝！」

終於，盟軍沒辦法，只好決定不處死他，但是要遣返原籍。幾個盟軍將領把他從牢房裡帶出來，無奈地對他說：「看來你的確是英國人，我們無法判你有罪。但是由於你的可疑行為，你還是回家吧，我們會給你一筆遣散費的。」

聽到這裡，那個人高興地跪在地上，雙手握在一起。大家以為他又要感謝上帝。誰知卻聽見他用很標準的德語說道：「謝天謝地，總算保住了命。」這句德語一出，盟軍統帥立刻笑了，對他說：「你堅持了這麼久，卻在最後一刻鬆懈了，對不起，你的命看來是保不住了。」那個德國特務一聽，差點暈過去，剛想辯解幾句，就被押下去了。

正字正說

「辯」和「辨」這兩個字因為讀音相同，字形相近，所以是最易混淆的一組字。

辯，作動詞用。如申辯、辯論、爭辯等。

辨，是判別或者區別的意思。如明辨是非，難辨真假。

實句
實用

辯解

鐵證如山，你再怎麼**辯解**都沒用了，還是趕緊坦白吧。

辨別

竹節蟲隱藏在竹子裡，真是令人難以**辨別**。

記憶要點

要想弄清這兩個字其實並不難，只要我們聯想一下，用到嘴巴的那個字中間有個言字旁，自然就分出來了。

「辨」是辨別、分辨的意思，如辨認、辨析、思辨、辨正、明辨是非等；「辯」是辯論、辯解的意思，如分辯、爭辯、辯駁、辯護、辯證、辯解等。「辯」中間是「言」字，表示與「說、論」有關。

另外，「辨白」與「辯白」，「辨正」與「辯正」，「辨證」與「辯證」有時可以通用，但某些專業術語卻不能通用，如中醫中的「辨證論治」、「辨證施治」的「辨證」就不能誤為「辯證」。

② 濫竽充數 VS. 芋頭

正	濫竽充數　芋頭
錯	濫芋充數　香竽

關鍵鑰匙

竽，讀音為「ㄩˊ」。

芋，讀音為「ㄩˋ」。

錯別字小故事

這是一條小小的街，旁邊有一個社區，來來往往的都是一些退休的老人或者平凡的上班族。大家都安靜的過著自己的小日子，沒有什麼波瀾，倒也安寧舒適。

有一天，小街的旁邊突然多了一家小小的店鋪。一群人忙忙碌碌了好幾天，在眾人好奇探究的目光裡，店鋪終於開業了。門前掛著一塊招牌：誠心有機蔬果店。

伴隨著劈劈啪啪的鞭炮聲，眾人看清楚了店鋪的店主，是一個年過半百的老大爺，精神很好，面色紅潤，臉上總是帶著快樂的微笑。大概是應了「心寬體胖」這句話，他長得也是一副彌勒佛的樣子，笑起來很可愛。

一開始大家心裡都想，不就是賣菜嗎？擺個地攤不就行了，還開這麼一

個店面，真是浪費錢。再加上還取個什麼「有機蔬果」，這些菜自己拿回去洗洗還不是一樣，還要什麼有機。於是大家就覺得，這家的菜一定是很貴，所以儘管離家很近，大家也都情願捨近求遠，去菜市場買。

可是到後來，店裡漸漸熱鬧起來了。很多阿公阿嬤都到這裡來買菜，還到處誇這家店好。一傳十，十傳百，再加上優勢的「地理位置」，這家店的生意就這樣興隆起來了。「彌勒佛」臉上的笑容，也越來越多了。

問他成功的秘訣是什麼？首先，跟街坊四鄰處理好關係。一開始生意不好，「彌勒佛」不但不著急，而且還趁空閒時間跟那些出來散步的老人們聊天，他人爽快，又見多識廣，時間一長，大家自然會喜歡他，就都到他店裡來買東西了，有了口碑，就成功了一半。

第二個秘訣就是他的店名：誠心。店裡面的菜，都不因為已經免洗而比外面貴很多，都是價格實惠，童叟無欺，而且品質還比外邊好很多。蔬菜水果都鮮嫩嫩水淋淋的，絕對不會有不新鮮的菜在裡面「濫竽充數」。

有了這兩點，生意還愁不興隆嗎？

現在再到這家店，那裡面真是人來人往。大白菜，芋頭，芹菜，番茄……各種蔬菜應有盡有。「彌勒佛」站在這些蔬菜之間熱情的招呼著客人，笑得十分開心又誠心。

正字正說

竽，是一種古樂器。形狀比較像我們通常所看到的笙。濫竽充數裡面的這個竽字，就是指的這種樂器。

芋，有以下兩個意思：
一、「芋頭」是一種多年生草本植物，塊莖可以實用。
二、泛指馬鈴薯，甘薯等植物，如洋芋，山芋等等。

實句實用

濫竽充數

凡事要憑真本事，**濫竽充數**可能瞞得了一時，但最後還是會露出馬腳的。

芋頭

芋頭口味的冰淇淋，真是別有風味。

記憶要點

　　這兩個字乍一看真是沒什麼區別，但是字義上卻差別很大。竽，是古代的一種樂器。大家只要記住著名的「濫竽充數」的故事裡面，那個竽就是指的那種樂器，而且是竹子做的，那麼寫的時候就不難寫出竹字頭啦。

　　芋頭的芋呢，只要大家記住芋頭、洋芋，這些我們很喜歡吃的東西，都是從地裡長起來的草本植物，就不難寫出草字頭，而且不會寫錯啦。

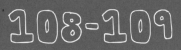

3

暗地 vs. 黯然

| 正 | 暗地 | 黯然 |
| 錯 | 黯地 | 暗然 |

關鍵鑰匙
暗，讀音為「ㄢˋ」。
黯，讀音為「ㄢˋ」。

錯別字小故事

　　王先生是家喻戶曉的人物，但這並不是因為他是什麼大官或富商，而是這幾年來有關他的事蹟。

　　四年前，王先生還是個貨車司機，有一次，天正下著大雨，他開車經過一段山路時，遇見一位婦人向他求助。王先生一打聽，才知道原來這位婦人是被拐賣到小山村裡來的，好不容易才逃出來，卻又被夫家的人追趕。王先生知道，這種事一定會牽動一大群人，倘若讓這群人看到自己跟這個婦人在一起，後果不堪設想。可是，看著婦女可憐的模樣，好打抱不平的王先生決定豁出去了。他一邊開車帶著這位婦女奔赴縣城，逃離此處；一邊打電話托人暗地裡聯繫當地警署。最後，他不但成功的把那位婦女送回家，並還協助警署破獲這起拐賣人口的大案。

　　回去以後，王先生的興奮之情漸漸褪去，取而代之的是黯然的心情：這個世界上還有多少像這位婦女一樣，需要幫助和救援的人啊？這次是這位婦女運氣好，遇到自己，而其他的人呢？會不會有這麼幸運？

　　正是這一剎那的善念，使王先生傾盡積蓄辦起了救援中心。短短幾年的時間，他解救了許多需要幫助的人。然而，面對人們誇獎和稱讚，憨厚的王先生只是微微一笑，這笑容裡寫滿了他對這個世界最真實的關愛和無私的奉獻。

正字正說

　　暗，主要有三個意思：

一、光線不足，黑暗，跟「明」相對。如光線太暗、天色漸暗等。

二、隱藏、秘密。如暗號、暗地、暗自等。

三、糊塗，不明白。如兼聽則明，偏信則暗。

　　黯，陰暗的意思。如黯淡。

實句 **實用**

暗地

有什麼事光明正大的說，別在**暗地**裡使壞。

黯然

回憶往事，她不禁**黯然**神傷。

記憶要點

　　這兩個字中，「黯」字的意思很單一，而「暗」字的意思則要多一點。我們只要記住「暗」與日有關，與光有關，自然就可以區分它們之間的區別了。當然，還要注意「黯」有的時候可以與「暗」通用，如黯淡與暗淡。

4

濫用 vs. 燦爛

正 濫用　　燦爛

錯 爛用　　燦濫

關鍵鑰匙
濫，讀音為「ㄌㄢˋ」。
爛，讀音為「ㄌㄢˋ」。

錯別字小故事

　　教小學國文的何老師平時在輔導學生作文的時候，總是告訴大家要學會使用生活化的語言，描繪最真實的生活。在何老師的努力下，大家的作文水準都有很大的提升。

　　然而，這天晚上，何老師在給大家批改作文時，臉上卻總是烏雲密佈。她有一個困惑：自己明明在課上一再強調某些字的寫法，還專門為大家做了一個易錯字對照表，可是大家寫出的作文還是錯別字連篇。看到自己的努力沒有什麼效果，何老師實在有點灰心喪氣。

　　突然，何老師的女兒走過來，關切地問媽媽到底是怎麼回事。可能是由於何老師教國文的緣故，她的女兒國文造詣也極高，從小就熟讀唐詩宋詞，是學校公認的才女。她和媽媽一樣，最不能忍受錯別字。

何老師看見女兒後，心情稍微輕鬆了一些，於是把作文本往她面前一放，無奈地說：「唉！你自己看看吧，這些學生的作文還是錯字連篇！」

女兒拿過作文本一看，頓時哭了出來。有的孩子寫道：「爸爸總是默默無蚊地為社會做著貢獻。」還有的寫道：「社會上有很多壞現象必須立刻制止，咳不容緩。」甚至還出現「對於未來的成功，我痔在必得。」女兒笑著說：「媽媽，您別生氣了，這些也不能全怪他們呀，都是廣告惹的禍。用成語作為廣告語，本來是發揮創意，可是用得不恰當就成為濫用。您看，默默無『蚊』是蚊香的廣告；『咳』不容緩是止咳劑的廣告，『痔』在必得是痔瘡藥的廣告。現在的小孩子電視看得多，受的影響自然也大了。」

何老師一聽，頓時恍然大悟。於是她決心第二天上課時，好好的給學生糾正這些錯誤，並且還要告訴大家，對於燦爛的中華文化，我們只能繼承和發揚，不能隨意篡改，才是真正的弘揚民族文化。

正字正說 ••

濫，本義是浮起、浮現。現在這個字主要有三個意思：

一、不加選擇或是沒有節制。如濫用職權、狂轟濫炸等。

二、江河水滿溢。如氾濫。

三、浮泛、不切實際。如陳腔濫調。

爛，本義是煮爛。現在這個字主要有五個意思：

一、某些固體物質因吸收水分過多或過熱，而變得鬆軟。如爛泥。

二、殘破、破碎。如破爛、破銅爛鐵等。

三、東西腐壞。如潰爛、臭魚爛蝦等。

四、問題很多、頭緒亂或是指零碎、片斷。如爛攤子、一本爛賬等。

五、表示程度極深。如爛醉、滾瓜爛熟等。

實句 實用

濫用

廣告語對成語的**濫用**，造成學生作文用字常出現錯別字。

燦爛

中華民族五千年的**燦爛**文化，值得我們引以為傲。

記憶要點

　　這兩個字在意思上，基本是大相逕庭的。「濫」一般與水有關，抽象的意思也有一點「氾濫」的意思。而「爛」就跟腐壞，多等意思有關。我們可以重點來記兩個詞。一是「氾濫」，都是三點水；二是「燦爛」，都是火字旁。這樣是不是就很容易記住了呢？

5

喧嘩 vs. 寒暄

正 喧嘩　　寒暄

錯 暄嘩　　寒喧

關鍵鑰匙
喧，讀音為「ㄒㄩㄢ」。
暄，讀音為「ㄒㄩㄢ」。

錯別字小故事

　　莊子本名莊周，是春秋戰國時期道家學派的集大成者。在那個喧囂的年代，他與世無爭、超然物外的思想，就像是火山口中的一線清泉。

　　有一次，莊子與一個重要訪客見面，幾句寒暄之後便要開始進行口頭上的對弈。

　　只聽來人說道：「我要帝王將相，絕對權力，普天之下，莫非王土，四海之內，莫非王城。所有的人都匍伏在我的腳下，為我的一舉一動，一怒一笑而顫慄。」

　　莊子只是靜靜的聽著，默然不語。那個人繼續說道：「我還要傾天富貴，錢堆北斗，米爛陳倉，頓頓珍饈美味，天天華服新裝，越姬燕黛，盡收我房。」

莊子依然笑著。來人又說：「我更要功載史冊，青史留名，後人敬拜祭奠！」

這時，莊子才緩緩開口說道：「你有絕對的權利，我就給你來災荒戰亂，你管土管城，卻管不了莽莽蒼蒼青天，天災人禍，殺了你匍伏的民眾，傾了你華麗的城池，讓剩下的民眾揭竿而起。你有傾天富貴，我就給你來江洋大盜，盜你錦衣玉食，盜走你的華服新裝，盜得你的越姬燕黛，個個狠心棄你，隨他而去，盜得你乞討為生，晚景淒涼。你要青史留名，我就給你來熊熊大火，燒了你的卷卷竹簡。你以為自己可以留名青史，卻不料那些史官覺得你不值得記載，於是大筆一揮，除掉你的名字，簡單方便，更甚於閻王在生死簿上圈圈點點。你辛苦一生，此時獨自哀怨歎惋，又有誰聽？」

這一番雄辯讓莊子淡泊名利的思想得以傳揚，一直到今天，很多人還以此作為不慕富貴、不求名利的箴言以自勉。

正字正說

喧，意思很單一，表示「聲音大」。如喧嘩、喧鬧、喧囂、鑼鼓喧天等。

暄，表示溫暖（太陽），多用於書面語。如寒暄（問寒問暖）。

實句實用

喧嘩
不要在公共場合大聲喧嘩。

寒暄
辯論賽開始，先互相寒暄幾句，雙方才開始進入正題。

記憶要點

　　要區分這兩個字，只要看看它們的部首就可以了。「喧」指的是聲音大，自然要用到「口」，所以是口字旁；而「寒暄」是噓寒問暖的意思，這裡的「暄」就代表溫暖，所以自然是日字旁了。

6

緬懷 vs. 沉湎

正 緬懷　　沉湎

錯 湎懷　　沉緬

關鍵鑰匙
緬，讀音為「ㄇㄧㄢˇ」。
湎，讀音為「ㄇㄧㄢˇ」。

錯別字小故事

公園裡有座紀念碑，已經建起來已經十年了。十年來，已經是耄耋之年的張涵之老先生每天都來到這座紀念碑前，撫摸著紀念碑上千千萬萬個革命烈士的名字，緬懷過去。

如果你仔細看一看就會發現，這紀念碑上竟有和老人的名字一模一樣的三個字：張涵之！難道老先生在為自己的同名人緬懷嗎？而這一切的最真實的原委和感受，如今只有老人自己才知道。

一九三七年，抗日戰爭爆發，泱泱中華，哀鴻遍野。當時只有十八歲的張涵之，在戰爭中被日寇殺光所有的家人，他僥倖逃出來，懷著家仇國恨和一腔報國熱情，他毅然報名參軍。

　　戰爭是殘酷的，戰士們不但常常冒著槍林彈雨，衝鋒陷陣，在平時沒有槍聲的時候，還得忍饑挨餓。那時候，軍隊裡的糧食和物資供給十分緊張。但是，大家苦中作樂彼此鼓舞，失去親人的張涵之在這艱苦的軍營裡，像找到另一個大家庭。

　　在抗戰勝利前的一場戰役中，張涵之受了重傷，一個戰友立刻把他扛在背上往大本營飛奔。一路上槍林彈雨，戰友始終用自己的身體護住張涵之。張涵之最終得救了，但等他醒來想要尋找那位戰友時，卻只看到他的屍體！原來，在背張涵之回來的路上，那個戰士多處被子彈擊中，強撐到大本營就犧牲了。

　　張涵之想要知道戰友的名字，可是寫著名字的牌子，居然在奔跑中遺失了。於是，張涵之毫不猶豫地把自己的名牌，放在戰友的胸前。

　　從此，張涵之便經常來到碑前，沉湎於回憶中，並在心中默念道：從此以後，就讓我伴著你，也伴著這份偉大情誼在地下長眠吧！

正字正說 ....

　　「緬」和「湎」這兩個字都不太常見，意思比較單一，有時也能通用，所以記住它們的意思就比較重要了。

　　緬，主要有兩個意思。

一、遙遠。如緬懷、沉緬、緬想等。

二、卷（主要在一些方言裡使用）。如：緬上袖子、緬起邊兒等。

　　湎，人沉迷於酒，如：沉湎。

實句 實用

緬懷

經過好友的鼓勵，他終於不再**緬懷**於過去失戀的痛楚。

沉湎

叔叔以前總是**沉湎**在酒精裡不可自拔，還好後來他大徹大悟，戒酒並努力工作。

記憶要點

　　湎，人沉迷於酒。至於沉緬則是一種緬懷的情緒，如「她呆坐在那兒，沉緬在往事裡。」這裡的緬，有遙想、懷念的意思。我們使用「沉緬」，是為了跟有負面意涵的「沉湎」作區隔。

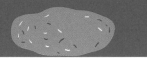

7

心無旁鶩 VS. 趨之若鶩

正 心無旁鶩　趨之若鶩

錯 心無旁鶩　趨之若鶩

關鍵鑰匙
鶩，讀音為「ㄨˋ」。
鶩，讀音為「ㄨˋ」。

錯別字小故事

　　叮嚀嚀……李博士桌上的電話又響了，由於電話鈴聲打擾他的閱讀，李博士皺皺眉頭，從書裡抬起頭來，看了看來電顯示，又皺了皺眉頭，沒有接起來。等電話鈴不響後，李博士甚至把電話線給拔了，又一頭埋進了書裡。

　　李博士為什麼不接電話呢？這要從博士的來歷說起。他是台灣最資深的經濟學教授之一，對世界的經濟局勢具有極強的洞察力。可是他卻非常謙遜，潛心治學，並不炫耀自己的研究成果。幾十年來，他一直在自己的大學裡踏實地教課，深受學生崇拜。

　　李博士所在的大學還有幾位稱得上出色的經濟學家。和李博士不同的是，他們早已經成為大公司的首席顧問，並且很快住進豪宅，開起名車，過著十分富足的生活。

可是李博士卻心無旁鶩，依然與世無爭的做他的學問和研究，教他的學生。孩子出國讀書去了，他和老伴就天天在自己的小屋子裡看書、聊天，日子極為平淡和簡單。一些大企業幾次請他去任職，都被他婉言謝絕了。後來，對於那些企業打來的電話，李博士乾脆一律不接。

也是有人替李博士抱不平：「要是論實際經驗和學問，你比他們都強吧？為什麼他們都趨之若鶩地去掙錢了，你卻還待在這裡不行動呢？只要你一出山，肯定比他們賺得都多。」

李博士每次聽到這樣的話，總是淡淡一笑。擺擺手說：「老啦，不想瞎忙了。再說，他們都賺錢去了，誰來認真教書啊？我們經濟學上講『最低成本』，生活嘛，夠得上最低成本就行啦，要那麼好幹什麼。」

在這個浮躁的年代，李博士的一番話總是讓那些打抱不平的人茅塞頓開，打從心眼裡佩服起這位老教授。什麼叫「超凡脫俗」？什麼叫「大隱於市」？李博士的所作所為，正是對這些抽象概念的最好注解。

正字正說 ●●●●●●●●●●●●●●●●●●●●●●●●●●●●●●●●●●●●●●●

鶩，這個字多用於書面語中，主要有兩個意思：

一、縱橫奔馳。如馳鶩。

二、追求。如好高鶩遠、心無旁鶩。

鶩，指鴨子（用於書面語）。如趨之若鶩。

實句
實用

心無旁鶩

洋基隊的台灣知名投手王建民說：「無論是投球或是學習的成功之道，都要做到**心無旁鶩**。」

趨之若鶩

在很多人都對權勢**趨之若鶩**時，他卻淡泊明志，獨享一份難得的寧靜生活。

記憶要點

這兩個字，一個下面是「馬」，另一個下面是「鳥」。由於「鶩」字的意思比較單一，所以我們只要記住這個字，就可以和「鶩」字區分了。而「鶩」下面是鳥，與鴨子皆屬於禽類，而且這個字只能組成一個詞，那就是成語「趨之若鶩」。

8

歌頌 vs. 朗誦

正 歌頌　　朗誦

錯 歌誦　　朗頌

關鍵鑰匙
頌，讀音為「ㄙㄨㄥˋ」。
誦，讀音為「ㄙㄨㄥˋ」。

錯別字小故事

　　梵谷是一個偉大的畫家，他生前窮困潦倒，死後卻被無數的藝術愛好者歌頌，人人都以擁有一幅他的真跡為榮。

　　梵谷作品中的人物，一次眉毛不經意的挑動，一股顧盼流轉的眼波，一縷唇邊隱秘的笑意，甚至只是嘴角微微的上揚，都是轉瞬即逝，卻真正揭露了人的感情的微妙變化。畫作中每一個表情都是一段值得娓娓道來的故事，是一種需要欣賞和珍惜的心情。

　　梵谷創作畫作時，無論他的手中是刻刀，還是畫筆，當這些工具開始記錄那些轉瞬即逝的表情時，它們就被梵谷賦予了一種魔力，跟隨他的心智和雙手開始一段難以言喻的旅程。梵谷的用心往往體現在他所表現的人物身上，甚至看到人物就可以想像藝術家當時作畫的表情。在談到自己最喜歡的

一幅作品《吃馬鈴薯的人》時，梵谷曾經說過：「為了各具特質的呈現這些卑微農民的肢體和神態，我在此細心觀察他們已經一年半了，我要用顏色，熱情的朗誦出屬於他們的詩篇……」

　　從梵谷這一番慷慨激昂的話中我們可以看出，他對於藝術的愛是多麼熱切。再想想他那些傳世名畫：上面說過的《吃馬鈴薯的人》，聞名世界的《向日葵》，還有《鳶尾花》、《星夜》、《麥田群鴉》……梵谷用他的畫筆，帶給後人一個多姿多彩的世界。

正字正說

　　頌，主要有五個意思：

一、歌頌。如頌揚。

二、祝頌（多用於古代書信問候）。如敬頌大安。

三、周代祭祀時用的舞曲，配曲的歌詞有的收在《詩經》裡面。

四、以頌揚為目的的詩文。如頌歌。

五、姓氏。

　　誦，主要有三個意思：

一、讀出聲音來，念。如朗誦。

二、背誦。如熟讀成誦。

三、稱述，述說。如傳誦。

實句
實用

歌頌

歷史上的那些偉大人物，都值得我們**歌頌**。

朗誦

他的散文詩**朗誦**，往往是校內才藝晚會上的壓軸戲。

記憶要點

我們要記住，「頌」字往往表示的意思比較「高」，如歌功頌德，稱頌聖人等。而「誦」字只是一般的朗讀而已。特別要注意有一些兩個字都能組合的詞，如「傳誦」和「傳頌」，雖然只是一字之差，但意思卻相差很大：「傳誦」只是簡單的一個人說給另一個人聽，而「傳頌」不但有傳下去，還有表揚，歌頌的意思。

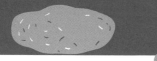

⑨ 混亂 VS. 渾渾噩噩

| 正 | 混亂　　渾渾噩噩 |
| 錯 | 渾亂　　混混噩噩 |

關鍵鑰匙

混，破音字，讀音為「ㄏㄨㄣˊ」、「ㄏㄨㄣˋ」
渾，讀音為「ㄏㄨㄣˊ」。

錯別字小故事

　　林布蘭特是荷蘭十七世紀的著名畫家，也是那個時代荷蘭藝術的關鍵人物。在他傳世的畫作中，有好幾百幅的自畫像，從渾渾噩噩的少年時代一直到雲淡風輕的老年都有展現。

　　有一幅名為《年輕時代的自畫像》的畫，現在藏於德國慕尼黑美術館，林布蘭特受到很多收藏家和鑑賞家的喜愛。這幅畫讓我們看到藝術家的年輕時代：林布蘭特曾經是這樣一個其貌不揚的毛頭小夥子——他的臉可謂毫無特色，眉毛平平的，眼睛小小的，嘴巴微微咧開好像是在笑著，但仔細一看其實有點歪。

　　然而，林布蘭特在畫這幅畫時，賦予自己的那種藝術感，卻讓人深深折服。明澈的光線，投射在他臉頰的一邊，同時也投射在他的耳垂、鼻尖和

雪白的衣領上。微微傾斜的姿勢，賦予他探求的神韻。棕色的頭髮像五線譜上的音符，傳遞出一種浪漫柔軟的氣息。相比那些一百多幅精美華麗的肖像畫，人們感覺這張沉浸在陰影中的林布蘭特更可愛。

其實，林布蘭特在畫這幅畫時，正在經歷一個藝術和個人思想上的混亂時期。他不知道在理想和現實之間如何選擇。於是他說：「我的帽緣下有長長的羽毛，像是隨時都會展翅飛翔。當我牽著自己的手向藍天飛升，真正自由的時刻才會來臨。」後來，他畫出這幅畫時，也真正領悟了自己的未來和方向。而這張傳世名作《年輕時代的自畫像》，則成為藝術家年輕時代痛苦徬徨的結晶。

正字正說 ••

混，讀音為「ㄏㄨㄣˊ」時，與「渾」意思一樣；而讀音是「ㄏㄨㄣˋ」時，主要有四個意思：

一、摻雜。如混合、混為一談等。

二、矇混。如魚目混珠。

三、苟且的生活。如混日子。

四、胡亂。如混出主意等。

渾，主要有五個意思：

一、渾濁。如渾水。

二、糊塗，不明事理。如這人真渾。

三、天然。如渾厚。

四、全、滿。如渾身。

實句實用

混亂

逢年過節時，每家超市都會特別注意維持秩序，以避免顧客太多引起**混亂**。

渾渾噩噩

他整天這麼**渾渾噩噩**的過生活，真不知什麼時候才會開竅。

記憶要點

　　「混」字在讀四聲時，主要強調的是動作，如蒙混、混亂等；而「渾」字則比較偏重於形容，如形容水很渾濁，或者人很糊塗。

10 溜走 vs. 蹓蹓

正 溜走　　蹓蹓

錯 蹓走　　蹓蹓

關鍵鑰匙

溜，破音字，讀音為「ㄌㄧㄡ」、「ㄌㄧㄡˋ」。

蹓，破音字，讀音為「ㄌㄧㄡˋ」。

錯別字小故事

　　張伯伯一大早就提著鳥籠子出門蹓蹓了。他一副面色紅潤，鶴髮童顏的樣子，別人看了都認為他是個沒吃過多少苦，只知道享福的幸運老人。

　　然而，張伯伯年少時，可沒少吃過苦頭。他出生在烽火連天的戰爭年代，是靠軍隊收養後才活下來的，此後的大半生都在顛沛流離中度過。青春歲月在不幸中漸漸溜走，但是張伯伯並沒有因此悲觀消沉，他沒有子女，就自己做點小本生意養活自己；老伴走了，就養隻鳥來作伴。所以照樣生活得快快樂樂，不知情的人甚至還暗地裡羨慕他呢。

　　張伯伯走到公園一處灌木叢旁邊，隱約聽到一陣哭聲。尋聲望去，原來是不遠處的長椅上坐著一個女孩，正傷心的哭泣。張伯伯見那女孩哭得那麼傷心，就走過去，關切地詢問她到底是怎麼回事。

　　這位女孩斷斷續續地向張伯伯傾訴著：原來她的男朋友剛去外地，而且要長期在外地工作，自己都不知道該怎麼辦了。她哭著說：「老爺爺，您怎麼那麼快活呀？我真羨慕您。」

　　張伯伯微微一笑，說：「我年輕的時候，也像你一樣，遇到點挫折就想不開。直到幾年前我妻子臨去世時，我還哭得像淚人兒似的，一點也不像男人。結果她握著我的手，用盡全力地說：『你要一定要高高興興的活著，我在天上才安心啊！』年輕人呀，你想想看，我的老伴是再也見不到了，而你的那位只不過是去了外地而已，在不久的將來，你們又可以見面了，他一定也希望你高高興興的，他才能安心工作啊！」

　　那位女孩聽完張伯伯的話，終於破涕而笑了。

正字正說

　　溜，讀音為「ㄌㄧㄡ」時，主要以下幾個個意思：

一、滑行。如溜冰。

二、偷偷地走掉。如溜走。

三、光滑，平滑。如滑溜、清潔溜溜。

四、順著，沿著。如溜邊。

五、看（動詞）。如溜一眼。

　　這個字還有另一個讀音為「ㄌㄧㄡ、」，主要有幾個意思：

一、迅速的水流。如大溜。

二、迅速，敏捷（多用於方言）。如眼尖手溜。

三、房頂上流下來的雨水。如簷溜。

四、檐溝。如水溜。

五、練（多用於方言）。如溜嗓子。

蹓，意思是散步，如蹓蹓；偷偷地走開，如蹓躂。

> **實句**
> **實用**
>
> ## 溜走
>
> 他趁亂偷偷**溜走**了。
>
> ## 蹓蹓
>
> 我的外公每天起床頭一件事，就是到公園**蹓蹓**。

記憶要點

　　這兩個字中，「蹓」字是一個不太常用的字。所以只要記住蹓蹓、蹓躂等相關詞語就可以了；「溜」字的意思比較多，但常用的也就那麼幾個，如溜走。

Chapter 4
欲正其文，
先正其字

「嫉妒」和「妒忌」是一種情感嗎？「霎時」和「剎那」哪個更短暫？「古板」和「古版」哪個才是最值錢的？中文中的同音詞經常讓人啼笑皆非，更帶給你許多困擾。欲正其文，先正其字！千萬別讓同音詞搞壞一篇大好作文，拖垮你的國文成績！

① 嫉妒 vs. 妒忌

姊妹詞大PK

嫉妒　　妒忌

關鍵鑰匙

嫉妒，讀音為「ㄐㄧˊ　ㄉㄨˋ」。

妒忌，讀音為「ㄉㄨˋ　ㄐㄧˋ」。

正字正說

　　嫉妒？妒忌？到底用哪個呢？還是兩個詞根本就一樣呢？相信這是不少學生都曾有過的疑惑。

　　「嫉」是形聲字，本義是忌恨才德高的人。

　　「妒」也是個形聲字，本義是婦女忌妒其他女子的美麗。

　　「嫉妒」也可寫成「妒嫉」，它們的意思相同，都指對才能或境遇比自己好的人心懷怨恨。這個詞最初出現在屈原的《離騷》中：「世混濁而不分兮，好蔽美而妒嫉。」詩句中的「妒嫉」和現在的意思大概相同。

實句 **嫉妒**
實用 法海和尚放下經卷去管白娘子和許仙的是非，大概是懷著**嫉妒**的心理吧！

妒忌
與其去**妒忌**別人的成功，不如奮起直追。

記憶要點

　　「嫉」和「妒」兩個字都有憎恨別人比自己好的意思，但注意「妒忌」不能寫作「妒嫉」，而「妒忌」一般也不能寫作「忌妒」。在使用上，「嫉妒」多作動詞用，也可以在口語中使用，而「妒忌」可作為名詞，一般用作書面語。

② 謀取 vs. 牟取

姊妹詞大ＰＫ

謀取　　牟取

關鍵鑰匙
謀取，讀音為「ㄇㄡˊ　ㄑㄩˇ」。
牟取，讀音為「ㄇㄡˊ　ㄑㄩˇ」。

正字正說

新聞中經常可以看到金融大亨們「牟取暴利」之類的語言，這裡的「牟取」可以用「謀取」替換嗎？

「牟取」和「謀取」其實是一對意思相當接近的詞，根據字典上的釋義，「牟取」後面一般接「名利」之類的詞語，而「謀取」的意思則比較廣泛，泛指設法取得。可以說，「謀取」的語義可以包含「牟取」。

實句 實用 謀取

商人的本質是透過商業活動**謀取**利益，這是無可爭辯的客觀事實。

牟取

王市長利用職務便利為自己**牟取**非法利益，最終遭到了法律應有的制裁。

記憶要點

從上面兩個例句我們可以看出，由於「謀取」的含義大於「牟取」，所以在使用上也相對廣泛。「謀取」是中性詞，可以用在負面情境，也可用在如例句般的中性敘述中；而「牟取」是一個絕對的負面詞，一般後面接非法或不正義的行徑。

③ 質疑 vs. 置疑

姊妹詞大PK

質疑　置疑

關鍵鑰匙
質疑，讀音為「ㄓˊ　一ˊ」。
置疑，讀音為「ㄓˋ　一ˊ」。

正字正說

　　質，主要有三個意思：

一、事物的根本屬性。如實質、本質等。

二、責問、提出疑問。如質疑、質問等。其中，「質疑」表示在主觀上對事
　　物強烈反對。

三、事物的實體。如鐵質、質感等。

　　置，主要有兩個意思：

一、擺放。如置疑、置之死地而後生等。其中，「置疑」表示提出疑問，但
　　並不強調過多地滲入人的主觀態度。

二、設立、配備。如設置、配置等。

實句
實用

質疑

面對前來採訪的記者**質疑**的態度，縣長並沒有絲毫改口之意。

置疑

趙局長說話的語調一向是淡淡的，但總是透著不容**置疑**的語氣，所以沒有人再提出異議。

記憶要點

　　「置疑」和「質疑」都指對結論或事實不相信。作文中最大區別在於，「置疑」只用於否定式，譬如「無庸置疑」、「不容置疑」等；而「質疑」一般用於肯定句中。這一點在應用中是不可混淆的。

4

擅長
vs.
善於

姊妹詞大ＰＫ

擅長　　善於

關鍵鑰匙
擅長，讀音為「ㄕㄢˋ　ㄔㄤˊ」。
善於，讀音為「ㄕㄢˋ　ㄩˊ」。

正字正說

擅和善這兩個字的意思很相似，都指在某方面具有特長。

擅，主要有兩個意思：

一、自作主張。如擅自。

二、精於、專於某方面。如不擅言辭、擅長彈鋼琴等。

善，主要有三個意思：

一、心地好。如善良、慈善等。

二、良好、完好。如完善、盡善盡美等。

三、擅長、長於。如能歌善舞、善與人交等。

實句
實用

擅長

我把自己的想法和一位**擅長**設計的同學交流，共同為校刊做了一個很出色的封面。

善於

阿寶很**善於**和孩子打交道，所以鄰居的孩子都很喜歡他。

記憶要點

「擅長」指人在某一專業領域特別精通，或是獨具某種特長。

「善於」所指的精通程度不如「擅長」，更多時候，「善於」指在某一領域做得比其他領域強的意思，但並不一定在此領域特別精通。

5

法制 VS. 法治

姊妹詞大ＰＫ

法制　　法治

關鍵鑰匙
法制，讀音為「ㄈㄚˇ　ㄓˋ」。
法治，讀音為「ㄈㄚˇ　ㄓˋ」。

正字正說

　　這兩個詞同樣是現代公民所應瞭解的政治基本概念，但多少年來兩者的概念卻一直糾纏不清。

　　制，有以下幾種意義：

一、做，如：製造。

二、規定，如：制定。

三、準則或法度，如：制度、體制。

四、限定，如：制約、限制。

治，有以下幾種意義：

一、管理，如：治理。

二、安定或太平，如：長治久安。

三、整修，如：治洪。

實句 實用 法制

社會是否長治久安，很大程度要決定於**法制**體系的健全與否。

法治

法治觀念的普及，才是社會實現民主的最大動力。

記憶要點

大家可以從上面的兩個例句中體會這兩個詞的差異。「法制」側重於形式上的法律；法治則更強調實質上的法律本質內涵，強調的是「法」的觀念。「法治」的對應詞是「人治」，而「法制」和「人治」卻並無對應詞的關係。

6

退化
VS.
蛻化

姊妹詞大ＰＫ

退化　　蛻化

關鍵鑰匙
退化，讀音為「ㄊㄨㄟˋ　ㄏㄨㄚˋ」。
蛻化，讀音為「ㄊㄨㄟˋ　ㄏㄨㄚˋ」。

正字正說

「退化」主要有兩個意思：

一、生物進化過程中的一種現象，指某些器官全部消失，或部分消失，其殘
　　留部分成為痕跡器官。如人的闌尾、蟒蛇的後肢骨等。

二、泛指事物由好變壞的過程。

　　「蛻化」指蟬、蛇等昆蟲類脫皮進化。進一步比喻變化。

實句實用

退化

由於長期沉迷玩樂，疏於練習，文婷的鋼琴水準逐漸**退化**，甚至不如國小的時候了。

蛻化

女大十八變，小時候像醜小鴨的小伶，長大後像是毛毛蟲**蛻化**成蝴蝶一樣的漂亮。

記憶要點

　　「蛻」字的蟲字旁很明顯地指出這個字和昆蟲有關，而昆蟲「脫皮」是一個脫胎換骨的過程。所以相比於「退化」，「蛻化」在應用上更傾向於描述事物本質的變化。

　　而「蛻變」一詞，讀音為「ㄕㄨㄟˋ　ㄅㄧㄢˋ」，比喻事物發生形或質的改變。

7
古板 vs. 古版

姊妹詞大ＰＫ

古板　　古版

關鍵鑰匙
古板，讀音為「ㄍㄨˇ　ㄅㄢˇ」。
古版，讀音為「ㄍㄨˇ　ㄅㄢˇ」」。

正字正說

　　「板」與「版」讀音完全相同，字形也很相似，混用的情況很多。

　　板，有以下幾種意思：

一、硬的片狀物，如：鋼板、木板。

二、不靈活，如：古板、死板。

三、表情生硬嚴肅，無笑意，如：板著臉。

　　版，有以下幾種意思：

一、印刷用的底版，上面有文字或圖形，如：排版、銅版。

二、指書籍排印一次，如：版次、再版。

三、報紙的一面，如：頭版、版塊。

實句 **古板**
實用 某些教授雖然很資深，但腦筋**古板**者眾多，難以接受如此新鮮的創意。

古版
逛古貨市場，不可錯過圖書區，在其中經常隱藏著珍稀的**古版**。

記憶要點

看完正字正說，大家應該很容易區分「古板」與「古版」了。「古板」中的「板」表示不靈活，是對人或制度的描述。而「版」指印刷用的上面有文字或圖形的底版或書籍的排印次數等。在印刷事務裏，有樣張、打樣、版樣、校樣、清樣等諸多名詞，而「古版」則是指版本古老的圖書。

8 連接 VS. 聯結

姊妹詞大ＰＫ

連接 聯結

關鍵鑰匙
連接，讀音為「ㄌㄧㄢˊ　ㄐㄧㄝ」。
聯結，讀音為「ㄌㄧㄢˊ　ㄐㄧㄝˊ」」。

正字正說

　　「連」與「聯」讀音完全相同，都有連結、接續的意思，但同中有別。

　　連，有以下幾種意思：

一、不間斷地相接，如：連貫、連綿、連接等。

二、表強調，下文多用「也」或「都」等呼應。

三、一個接一個地，如：連環、連任。

　　聯，有以下幾種意思：

一、彼此結合在一起，如：聯合、聯歡。

二、中國傳統中，寫在紙上、布上或柱子上的對偶語句，如：對聯。

實句
實用

連接

關渡大橋輕易就把淡水河左岸和右岸**連接**在一起。

聯結

雖然漂泊四海，但血緣與親情卻把我和家人的心**聯結**起來。

記憶要點

　　習慣上前後相接的用「連」字，如「連綿不斷」、「連貫」；如果是左右相並的，我們就用「聯」，如「對聯」、「聯歡」。說得更明白一點就是：客觀實際上在一起的用「連」，如「連環套」、「連理枝」；而強調精神上在一起的用「聯」，如「聯絡」、「聯想力」。

9

霎時 vs. 剎那

姊妹詞大ＰＫ

霎時　　剎那

關鍵鑰匙

霎時，讀音為「ㄕㄚˋ　ㄕˊ」。

剎那，讀音為「ㄔㄚˋ　ㄋㄨㄛˊ」。

正字正說

霎，有以下幾種意思：

意思是短時間；一會兒，如：霎時。

剎，有以下幾種意思：

佛教的寺廟，如：古剎，它是梵語 ksana 的音譯，表示極短促的瞬間。

我們常說的「剎那」是指極短的時間；瞬間。

實句 實用	霎時

霎時

灰濛濛的天，**霎時**就下起了暴雨，路上的行人紛紛找地方躲避。

剎那

昨天的晚霞奇景極少人有緣欣賞，因為它**剎那**即逝，根本無法捕捉。

記憶要點

　　兩個字都指極短暫的時間，它們在字義上幾乎無法區別，但在實際應用中卻各有特定的搭配的用字：「剎」最常出現在「剎那」這個詞中，「剎那」來自梵語的音譯，是計算時間的單位。「霎」則最常用於「霎時間」中，是指極短時間。雖然它們詞義相同，但是在詞語運用中的不同搭配，仍然是不可混淆的。

10

灑下 vs. 撒下

關鍵鑰匙

灑下，讀音為「ㄙㄚˇ ㄒㄧㄚˋ」。

撒下，破音字，讀音為「ㄙㄚ ㄒㄧㄚˋ」、

「ㄙㄚˇ ㄒㄧㄚˋ」。

正字正說

　　「撒」與「灑」當動詞用的時候指的是東西散落或傾倒，加之字音相同，很容易混淆。

　　撒，破音字，讀音為「ㄙㄚˇ」時，有以下幾種意思：

一、散佈，散播，如：撒種。

二、散落，如：米粒撒了。

　　讀音為「ㄙㄚ」時，有以下幾種意思：

一、放開；張開，如：撒手。

二、儘量施展；故意表現，如：撒嬌、撒瘋。

三、排出，如：撒氣。

灑，有以下幾種意思：

一、使分散落下，如：灑水、灑藥。

二、東西散落，如：灑了一地。

實句 實用	**灑下**

午後的陽光**灑下**來，每個人都感覺暖洋洋的，非常舒服。

撒下

每到春耕時節，人們**撒下**種子時，都期待著秋天能有個好收成。

記憶要點

兩個動詞的區分關鍵是搞清使用物件，「撒」的物件是有固定形體的物體，比如「撒豆成兵」、「撒種」、「撒鹽」等等。而「灑」呢？則多用於液體或是抽象的事物，如「灑水」、「陽光灑下來」等等，我們也可以借助它們的偏旁去強化記憶。另外，「撒」還是一個破音字，像「撒謊」、「撒尿」等讀「ㄙㄚ」音，是發出、散出、放出的意思。

Chapter5
成語中的錯別字

中學接觸到的成語林林總總，在測驗中、作文中，這些四字「魔咒」總會冷不防跳出來讓人為難。本章選取的十個成語，雖只是成語海洋中的一滴水珠，卻可以教會你記憶和快速學習成語的方法。掌握之後，再靈活運用，你會很快與「成語幫」混熟的喲！

①
世外桃源

正　世外桃源

錯　世外桃園

關鍵鑰匙
源，讀音為「ㄩㄢˊ」。
園，讀音為「ㄩㄢˊ」。

成語意義

　　原指與現實社會隔絕、生活安樂的理想境界，也指環境幽靜、生活安逸的地方。後借指一種空想、脫離現實的思想。

成語出處

　　晉・陶淵明《桃花源記》

成語小故事

　　「世外桃源」這個成語描述了一條溪流盡頭的一個與世隔絕，沒有戰爭與禍亂的理想人間。

　　晉朝的大文豪陶淵明寫過一篇著名散文──《桃花源記》，內容是描寫湖南武陵一個漁民的神奇遭遇：一天，漁民駕著小船逆流捕魚，行到半途時不小心迷路了。他不知走了多遠，忽然發現河岸邊有一座開滿粉紅桃花的桃花林。漁夫順著河流繼續往前走，不久便看到面前的山腰處有一個小洞口，由於好奇心的驅使，他下了船，從洞口爬進去。終於，他在山洞的盡頭發現一片平坦而肥沃的平原。平原上有一排排整齊的房屋，田野裡有各種各樣的莊稼，還有不少耕作的男女。那些人見到漁夫時，都感到很驚訝，但漁夫和他們很快就熟悉起來。透過閒談，漁夫知道，這些人的祖先在秦朝時為逃避戰亂，全村人遷移到這個山洞裡來。因為幾百年來沒有出過山洞，所以他們根本就不知道秦朝之後，還有漢朝、三國和晉朝。

　　漁夫在那裡待了幾天後，就離開山洞。回到家後，漁夫越想越覺得奇怪，便把這件事向太守報告。大守便派那個漁夫帶著他的手下前去找那個山洞。然而，當那個漁夫帶著太守手下的那些人去找那個山洞時，卻又迷失了方向，找不到那個山洞。從此，再也沒有人能找到那個桃花源了。

正字正說 ●●

　　源，形聲字。本義是「原」，是水源的意思，在字中也有表義作用。源，本義是源泉，現在主要有兩個釋義：

一、河流開始的地方。如源泉、飲水思源、水源等。

二、事物的由來。如根源、財源等。

　　園，主要有兩個釋義：

一、種植花草樹木或植物的地方。如花園、桃園等。

二、供人遊覽娛樂之處。如動物園、植物園等。

實句 實用 世外桃源

我和爸爸都沒有想到，原來距離市區五十公里外就有一個名副其實的**世外桃源**。

行文點睛

要想弄清楚這個成語的正確寫法，還要從它的典故入手，「桃源」指的是「桃花溪的源頭」，因為典故中的漁夫是順著河流找到桃花林的源頭，而不是單純的一片桃花園。所以，我們不能認為這兩個字是指「種植桃樹的園子」。

② 罄竹難書

正 罄竹難書

錯 磬竹難書

關鍵鑰匙
罄，讀音為「ㄑㄧㄥˋ」。
磬，讀音為「ㄑㄧㄥˋ」。

成語意義

形容罪行多得寫不完。

成語出處

《舊唐書‧李密傳》：「罄南山之竹，書罪未窮；決東海之波，流惡難盡。」

成語小故事

隋朝末年，由於隋煬帝楊廣荒淫奢侈、暴虐兇殘，引起民憤，所以全國各地紛紛爆發農民起義。

　　西元613年，長安（今陝西西安）人李密，參與楊玄感起兵反隋，失敗後被俘，在押送途中逃脫。西元616年，李密又參與瓦崗起義軍，並為瓦崗軍的首領翟出謀策劃，使這支起義軍迅速壯大。後來，李密被推為瓦崗軍領袖，稱魏公。李密為進一步聯合各起義軍的力量，徹底摧毀隋朝的統治，在進軍洛陽時，發佈一篇討伐隋煬帝楊廣的檄文。檄文中，李密列舉出楊廣的十大罪狀之後，並揭露說：「罄南山之竹，書罪無窮；決東海之波，流惡難盡。」意思是說：用盡南山的竹子作簡，也寫不完楊廣的罪惡；決開東海的水，也沖洗不掉楊廣的罪行。

　　後來，人們便把「罄南山之竹，書罪無窮」簡化引申為「罄竹難書」這個成語，用以形容罪惡多得書寫不盡。

正字正說 ●●●

　　罄，主要有兩個釋義：

一、空、器皿中無物。如鍋碗已罄。

二、盡，用光。如售罄、粟罄等。

　　磬，最初是象形字，字形很像手持小槌擊打的樣子，本義是一種用石或玉雕做成的、擊之而鳴的古代樂器。現在這個字主要有兩種釋義：

一、古代的一種打擊樂器，形狀像曲尺，用玉或石製成。

二、佛教的打擊樂器，形狀像缽，主要用銅製成。

句 實用 實

罄竹難書

你的罪行**罄竹難**書，證據確鑿，天下人所盡知，在法庭上還有何理可說呢？

行文點睛

只要仔細觀察一下，我們就不難發現，「罄」字的下半部是「缶」，而「缶」是古代的一種瓦製容器，特點是肚大口小。我們在「正字正說」中對「罄」的第一個釋義是「器皿中無物」，引申出來就是表示窮盡之意。而「罄竹難書」的意思是罪行多得寫不盡，與此意正好吻合。

相比之下，如果寫做「磬竹難書」就沒什麼道理了，因為「磬」以「石」作為部首，是一種打擊的樂器。所以，我們可以充分利用部首的聯想來區分這兩個字。

3 防微杜漸

正 防微杜漸

錯 妨微杜漸

關鍵鑰匙
防，讀音為「ㄈㄤ ˊ」。
妨，讀音為「ㄈㄤ ˊ」。

成語意義

在不良事物剛有端倪的時候就加以制止，不讓它繼續發展。

成語出處

南朝‧宋‧範曄《後漢書‧丁鴻傳》：「若敕政責躬，杜漸防萌，則凶妖消滅，害除福湊矣。」

成語小故事

東漢和帝少年即位，朝廷一直由母親竇太后專權。竇太后任人唯親，任用自己的竇氏家族作為朝廷重臣，其中，竇太后的哥哥竇憲就是當朝的大將軍，掌握著國家的所有軍權。一時間，國家重要大權全都掌控在竇家手中。

這種現象令很多大臣心裡著急，他們都為漢朝的江山捏著一把汗，而丁鴻就是這些大臣中的一位。

丁鴻很有學問，他決心除掉竇家專政這個禍根。一天，天上出現日蝕，丁鴻知道時機來了，就以日蝕是天下不祥的徵兆為由上書皇帝，在上書中順便指出竇家對於整個國家的危害，建議皇帝從竇家為害的開始就應該堅決防止，並斬草除根，才可以為國家消除日後的隱患。

和帝雖然年少，但也意識到母親家族專政對國家的危害。於是他借著這個機會迅速剝奪竇憲的軍權，迫使竇家兄弟紛紛自殺，竇家的專權才沒有為國家釀成後患。

正字正說

防，形聲字，本義是河上的堤壩，現在這個字主要有三個釋義：

一、為避免受害而做好準備。如防地震、防火、預防等。

二、防守，抵禦。如邊防、防護、軍防等。

三、擋水的建築。如堤防。

妨，本義是損害，意思比較單一。如妨害、妨礙、何妨等。

實句實用 防微杜漸

對於孩子的一些不良行為要**防微杜漸**，使他從小養成良好的習慣。

行文點睛

　　防微杜漸主要用作壞事情發生之前，指的是在不良行為發生前就要預防。與防微杜漸意義相似的成語是亡羊補牢，但後者要用在壞事發生之後的補救上。

4

分道揚鑣

正 分道揚鑣

錯 分道揚彪

關鍵鑰匙
鑣，讀音為「ㄅㄧㄠ」。
彪，讀音為「ㄅㄧㄠ」。

成語意義

分路前進，比喻各奔前程，各做各的事。

成語出處

北齊‧魏收《北史‧魏諸宗室‧河間公齊傳》：「洛陽我之豐沛，自應分路揚鑣。自今以後，可分路而行。」

成語小故事

南北朝時期，北魏有一個名叫元齊的人，很有才能，屢建功勳。孝文帝非常敬重他，就封他為河間公。元齊有一個兒子叫元志，從小就聰慧過人，而且飽讀詩書，孝文帝很賞識他，所以任命他為洛陽令。

元志成為洛陽令後不久，北魏就從山西平城搬遷到洛陽建都。這樣，洛陽令也就成為「京兆尹」。元志因此更加得意，他仗著自己的才能，輕視朝廷中一些學問不高的達官貴族。

一次，元志出遊時，正好碰到御史中尉李彪的車馬從對面駛來。李彪在朝廷中位高權重，職位遠遠高於元志，所以按照慣例應該是元志要讓路給李彪。但由於元志素來不喜歡李彪，所以就不讓路。李彪見元志並沒有讓路的意思，便當眾責問他：「我的官職比你大，你為什麼不讓路呢？」元志則對他說：「我是洛陽的地方官，你在我眼中，不過是洛陽的一個普通住戶，哪裡有官員給住戶讓路的道理呢？」就這樣，他們兩個互不相讓，在道路上爭吵起來，最後只好去找孝文帝評理。孝文帝聽完後，覺得這件小事不值得兩個朝廷要員如此爭吵，便充當和事佬地笑著說：「我覺得你們都很有道理，所以你們不如各走各的路。」

正字正說 ••

鑣，本義是馬口中所銜的馬嚼子。現在主要有三個釋義：

一、經常與「銜」合用，指馬匹銜在口中的馬嚼子，一般是青銅或鐵質地，也有用骨頭和獸角做成的，上面可繫鈴鐺。

二、乘騎馬匹。

三、同「鏢」字。

彪，本義是老虎身上的斑紋。現在主要有兩個釋義：

一、老虎，特別指小老虎。

二、比喻身材高大魁梧的人，如：彪形大漢。

實句實用　分道揚鑣

他們結婚的時候口口聲聲地說永不分離，但最終還是**分道揚鑣**了。

行文點睛

在表達「各奔東西」的成語中，除分道揚鑣外，還有如：勞燕分飛、風流雲散等。請注意它們在使用上的細微區別，如勞燕分飛只用於描述夫妻、情侶別離；風流雲散則形容像風雲那樣流動散開，比喻原本聚在一起的人分散到各地。

5

東施效顰

| 正 | 東施效顰 |
| 錯 | 東施效頻 |

關鍵鑰匙
顰，讀音為「ㄆㄧㄣˊ」。
頻，讀音為「ㄆㄧㄣˊ」。

成語意義

比喻想要模仿別人的長處，卻得到恰恰相反的效果。

成語出處

戰國·莊周《莊子·天運》：「故西施病心而矉其裡，其裡之醜人見而美之，歸亦捧心而矉其裡。其裡之富人見之，堅閉門而不出；貧人見之，絜妻子而去之走。」

成語小故事

西施是春秋時期的越國人，是中國歷史上的四大美女之一。但她卻有心痛的毛病，而每次心痛病發作時，她就會用手摀住胸口。

　　有一次，西施在回家的路上突然心痛病發作，她感到胸口劇烈疼痛，於是就皺緊眉頭，並用手摀住胸口。這時，同村的醜女東施看到西施皺眉和摀住胸口的樣子很美麗，於是便決定學著西施的樣子，在走路的時候，也皺著眉頭和摀住胸口。東施以為這樣做自己就會變得很漂亮，然而，當她以這種姿態走路時，別人看到後卻更加厭惡她，並且遠遠的躲著她。因為東施原本就長得很難看，再加上刻意地模仿西施的動作，使她變成一副裝腔作勢的怪模樣！

　　東施愛美的心情雖然可以理解，但是她只看到西施皺眉時很美麗，卻沒有想到西施本身的美貌，錯誤地把西施「皺眉」的動作來衡量美麗的標準而刻意模仿，結果只能給人留下千古的笑柄。從此，「東施效顰」的成語便流傳下來。

正字正說

　　顰，形聲字，讀音從上半部的「頻」，是皺眉的意思。除了成語「東施效顰」用到這個字外，古人也有不少詩句中用到這個字，如唐朝李群玉就在《黃陵廟》中寫道：「猶如含顰望巡狩，九疑如黛隔湘川。」

　　頻，會意字，《說文》中認為「頻」左邊的「步」是「涉」的省略，右邊的「頁」則是人頭的意思。本義是指人將要渡河，見水深，皺眉而止。現在是屢次、次數多的意思。如頻仍、頻繁、頻頻等。

實句 實用 東施效顰

吸收任何文化都不能不加選擇一併模仿，不然往往會給人留下**東施效顰**的笑話。

行文點睛

　　「東施效顰」是生搬硬套卻事與願違的典型，在其他成語中，還有幾個與其近義的。如：邯鄲學步、畫虎不成反類犬等。這幾個成語共同點，都有刻意模仿反而弄巧成拙之意。

6

滔滔不絕

正 滔滔不絕

錯 濤濤不絕

關鍵鑰匙
滔，讀音為「ㄊㄠ」。
濤，讀音為「ㄊㄠ」。

成語意義

說話像瀑布一樣無間斷，形容人十分健談。

成語出處

南朝·宋·劉義慶《世說新語·賞譽》:「郭子玄語議如懸河瀉水，注而不竭。」

成語小故事

晉朝文學家郭象年輕時就有相當的才學，他曾潛心研究老子和莊子的道家學說，並且有深刻的見解。

由於郭象的名聲很大，所以朝廷便一再派人來請他出來做官。郭象推辭不過，便答應出任黃門侍郎一職。到京城後，他豐富的知識和良好的口才立刻得到眾人的賞識，每當人們聽他談論時，都覺得很有趣味。

當時的太尉王衍在聽過郭象的演講後，也十分欣賞他的口才，他常常在別人面前誇讚郭象說：「郭象說話就像一條倒懸起來的河流，永遠沒有枯竭的時候，而且滔滔不絕，從不間斷。」郭象的辯才由此可見一斑。

正字正說

滔，形容大水彌漫的樣子。如波浪滔天、滔滔不絕等。

濤，主要有兩個釋義。

一、大波浪。如浪濤、驚濤駭浪等。

二、像波浪的聲音。如松濤。

實句實用 滔滔不絕

有些律師說起話來雖然**滔滔不絕**，詞藻華麗又長篇大論，總說不到要害。

行文點睛

「滔」和「濤」這兩個字雖然同音又近義，但還是不能混用。「濤」與大自然緊密相關，如松濤、波濤洶湧等；而「滔」不但與大自然有關，如波浪滔天，還可以與人有關，如形容人說話連貫不斷的成語「滔滔不絕」，或是形容人罪惡深重的「罪行滔天」。

7

馬首是瞻

正 馬首是瞻

錯 馬首是贍

關鍵鑰匙
瞻，讀音為「ㄓㄢ」。
贍，讀音為「ㄕㄢˋ」。

成語意義

比喻樂於聽從別人的指揮，不敢有任何的違背。

成語出處

春秋·左丘明《左傳·襄公十四年》：「雞鳴而駕，塞井夷灶，唯餘馬首是瞻。」

成語小故事

戰國時，晉淖公派大將荀偃聯合十二個諸侯國的軍隊去攻伐秦國。荀偃雖任聯軍的主帥，但他在軍中卻並不得人心，所以在開戰之前的晚上，當他發佈命令「明早雞叫時出發」的命令時，底下的將領們並沒有把他的命令當

回事。

　　大戰在即，為強調自己的威信，荀偃又進一步命令道：「交戰時，大家都要看准我的馬頭，我的馬頭奔向那裡，大家就跟著我奔向那裡。」荀偃本想以此種方式使軍隊行動統一，想不到將領們卻認為，荀偃這樣的指令是專橫的表現，於是反感地說：「晉國從未下過這樣的命令，為什麼要聽他的？」於是，底下的將領們私下決定只要荀偃馬頭向西，他們就偏要向東；只要荀偃馬頭向東，他們就偏要向西。

　　由於聯軍的將領們沒有對荀偃「馬首是瞻」。荀偃只得仰天歎道：「既然下的命令不能執行，就不會有取勝的希望，一交戰肯定讓秦軍得到好處。」於是，荀偃只好下令撤軍。

正字正說 ●●

　　瞻，意思是向遠處或向高處看，如觀瞻、高瞻遠矚、瞻仰等。其中成語高瞻遠矚出自漢・王充《論衡・別通篇》，意思是站得高，看得遠，比喻人的眼光遠大。

　　贍，意思是供給，如贍養，特指子女對父母在物質上的幫助。

實句 實用　馬首是瞻

有一些人沒有什麼真才實學，卻總是唯顯赫人士**馬首是瞻**，以期使自己的身份得到提升。

行文點睛

　　說「瞻」和「贍」所組成的詞語中，有兩個片語比較容易混淆，那就是「瞻仰」和「贍養」。它們雖然讀音相似，意思卻相差甚遠。「贍養」的意思我們在上面已經說得很清楚，而「瞻仰」一般有兩種意思，一是指恭敬地看，如瞻仰遺容等；二是指內心仰慕，如海內瞻仰。

8
如火
如荼

正 如火如荼

錯 如火如茶

關鍵鑰匙
荼，破音字，讀音為「ㄊㄨˊ」、「ㄕㄨ」。
茶，讀音為「ㄔㄚˊ」。

成語意義

形容大規模的活動，或場面氣氛非常熱烈。

成語出處

戰國《國語·吳語》：「萬人以為方陣，皆白裳，白旗，素甲，白羽之繒，望之如荼……左軍亦如之，皆赤裳，赤，丹甲，朱羽之繒，望之如火。」

成語小故事

春秋末期，群雄爭霸。吳國夫差即位後決心使吳國成為霸主，他在率兵打敗越國、魯國和齊國後，又繼續向西北進攻，打算征服強大的晉國。

晉國是大國，在軍隊的數量上吳國並不佔優勢，也沒有取勝的把握。在

開戰之前，吳王夫差召集文臣武將商量征服晉國的對策，最後大家決定以出奇制勝的方式來征服晉國。

開戰前一天的夜晚，夫差從軍隊中挑選出三萬精兵強將，擺出三個方陣，每個方陣橫豎都排一百人，如此每一個方陣就能排一萬人。然後，讓三個方陣的士兵穿戴上不同色彩的戰服：中間的方陣稱為中軍，統一穿白盔白甲，揮舞白色的旗幟，使用白弓箭；右邊的方陣統一穿戴黑色戰服，使用黑色旗幟和兵器；左邊的方陣則統一穿戴紅色戰服，使用紅色旗幟和兵器。

軍隊穿戴好之後，在半夜出發，黎明時分到達離晉軍一里遠的地方。這時，吳軍突然擂起戰鼓，並大聲叫喊，頓時鼓聲和叫喊聲立刻震天動地。由於天色還沒有完全亮，晉軍剛從夢中醒來，一出門見到這種裝扮的軍隊，一個個都驚呆了。只見眼前三色的方陣氣勢不凡，白方陣好像開滿白花的草地；黑方陣如同深不可測的海洋；而紅色方陣則讓人聯想起熊熊燃燒的烈火。由於晉軍被吳軍的那三個方陣和聲威氣勢所驚嚇，所以雙方一開戰晉軍就遭到慘敗。

正字正說 ●●●●●●●●●●●●●●●●●●●●●●●●●●●●●●●●●●

荼，讀音為「ㄊㄨˊ」時，主要有兩個意思：

一、古代時指一種苦菜。

二、古代指茅、葦之類的白花，如火如荼即取此義。

讀音為「ㄕㄨ」時，則指古代一種玉器名。

茶，主要有三個意思：

一、常綠灌木，葉子經過加工後成為茶葉。

二、茶葉製成的飲料。如喝茶、茶水等。

三、顏色像茶色一樣的。如茶玻璃。

實句 實用 如火如荼

名偵探柯南的漫畫，正在網路上**如火如荼**的進行連載。

行文點睛

　　「荼」字除了在某些古成語中用到，現在已經不常用，作為破音字，它的各種字義基本存續在古代歲月中。香港天后王菲曾經唱過一首歌叫做《開到荼蘼》，這裡的「荼蘼」是一種植物，人們常常認為荼蘼花開意味著一年花季的終結。所以「荼蘼」在文學作品中經常暗示女子的青春已過。「荼蘼花開」則經常含有感情終結的意思。

9

請君入甕

正 請君入甕

錯 請君入龕

關鍵鑰匙
甕，讀音為「ㄨㄥˋ」。
龕，讀音為「ㄎㄢ」。

成語意義

比喻用人整治別人的方法，來整治他自己。

成語出處

北宋·司馬光《資治通鑑·唐則天皇後天授二年》：「興曰：『此甚易爾！取大甕，令囚入中，何事不承！』俊臣乃索大甕，火圍如興法，因起謂興曰：『有內狀推兄，請兄入此甕。』興惶恐叩頭伏罪。」

成語小故事

唐朝的武則天任用許多酷吏，來鎮壓與自己意見不合的官吏。其中兩位最有名的酷吏，一位叫周興，一位叫來俊臣。他們利用誣陷、控告和慘無人

道的刑法，殺害許多正直的文武官吏和平民百姓。

　　有一次，一封告密信送到武則天手裡，內容竟是告發周興與人聯合謀反。武則天大怒，命令來俊臣嚴查此事。這讓來俊臣感覺很為難，因為他知道，周興是一位狡猾奸詐之徒，僅憑一封告密信，是無法讓他說出實話的，可萬一查不出結果，武則天怪罪下來，自己也擔待不起。來俊臣苦苦思索半天，終於想出一條妙計。

　　來俊臣準備一桌豐盛的酒席，把周興請到自己家裡來，兩個人一邊喝酒一邊聊天。酒過三巡，來俊臣歎口氣說：「兄弟我平日辦案，常遇到一些犯人死不認罪，對於這種人，不知老兄有何辦法？」周興得意地說：「這事好辦！」說著端起酒杯抿一口，陰笑著說：「你可以找來一口大甕，四周用炭火烤熱，再把犯人放進甕裡，你想想，還有什麼犯人不招供呢？」來俊臣聽後，連連點頭稱是，隨即命人抬來一口大甕，按周興說的那樣，在四周點上炭火，然後對周興說：「周兄，實在對不起，宮裡有人密告你謀反，皇上命我嚴查，只好委屈一下周兄了，請你自己鑽進甕裡去吧。」周興一聽，手裡的酒杯啪噠掉在地上，接著撲通一聲跪倒在地，連連磕頭說：「我有罪，我有罪，我招供……」

正字正說

　　甕，是一種小口大腹的陶製容器。組詞為：水甕、大甕等。

　　龕，主要有兩個釋義：

一、宗教中供奉佛像、神像的閣子，一般為石頭質地，如：神龕、佛龕。

二、佛塔。

實句 實用 請君入甕

他那個人心機詭詐，恐怕早已設好陷阱，你貿然前去，豈不正好中他「**請君入甕**」的奸計？

行文點睛

　　與「甕」組成的成語還有幾個。如：甕中之鱉，原意指困在大罈子裡的鱉，後多用以比喻盡在掌握中的東西；蓬戶甕牖，指用蓬草做的門，用破甕做的窗，比喻貧窮人家；甕聲甕氣，形容聲音粗大而低沉。

⑩ 自慚形穢

| 正 | 自慚形穢 |
| 錯 | 自漸形穢 |

關鍵鑰匙
慚，讀音為「ㄘㄢˊ」。
漸，讀音為「ㄐㄧㄢˋ」。

成語意義

認為自己不如別人而感到很慚愧。

成語出處

南朝·宋·劉義慶《世說新語·容止》：「珠玉在側，覺我形穢。」

成語小故事

晉朝有一位驃騎將軍叫王濟，不但相貌英俊，待人接物也很有風度，而且非常喜歡讀書。

王濟有個外甥叫衛玠，少年時就以風度翩翩聞名於當地。有一年，衛玠和母親前來投靠王濟。王濟一見衛玠相貌如此出眾，便感歎地說：「人家都

說我英俊，現在與外甥一比，就好像是把石塊與明珠放在一起比較一樣，簡直不能相比！」

幾天後，王濟帶著衛玠去拜見親朋好友。大街上的人看見衛玠都驚歎他簡直是用白玉雕成的，於是都爭著圍觀他。而親戚們都想瞭解衛玠除了擁有英俊的外貌，是否也擁有出眾的學問。於是，衛玠便給他們講起經書來，沒想到只講了一會兒，聽眾便開始稱讚衛玠的見解精深透徹。

後來，有人便對王濟說：「看來，你們家三位兒子也抵不上衛家的一個兒子啊！」王濟也回答道：「是啊，我和他在一起時，就像熠熠發光的明珠在我身旁一樣，實在讓我自慚形穢。」

正字正說 ••••••••••••••••••••••••••••••••••••••

慚，是羞愧的意思，如羞慚、大言不慚等。

漸，主要有兩種釋義：

一、一步一步、慢慢地。如逐漸、漸漸、循序漸進等。

二、事物的開端。如防微杜漸。

實句 實用　自慚形穢

他本來對自己充滿自信，但在美麗、純潔的她面前卻總是**自慚形穢**。

行文點睛

與自慚形穢意思相近的成語，還有自歎不如、相形見絀等，這幾句成語都有自己不如別人之意，但在使用上，我們仍然要注意區分：

與自慚形穢相比，自歎不如更偏重心悅誠服，比喻向更高明者折服。

自慚形穢與相形見絀的用法也有差別：前者是自我比較之後，主觀上覺得自己不如別人，後者則是從客觀上進行比較後，發現自己不如別人。

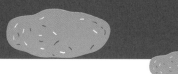

Chapter6
中學生錯別字測驗

五章的學習過後，要檢測一下你的學習成果了！國文的應用當然遠不止於課堂和考試，但適當的檢測卻是讓你清楚自己的程度，確立下一步努力方向的必要條件。這份測試題每道題目都是精心策劃和挑選，題型和難度貼近中學國文考試。你在完成測試之後，必會收穫豐富！

本測試題分為三個部分，滿分為一百分。測試限時一小時，請一次做完。注意要在無任何工具協助下獨立完成喔！

第一部份

以下二十個成語中有可能藏有錯別字喔，請把它們逐一挑出，寫在後面的訂正欄內。每小題計一分，本部分共三十分。

題目序號	成語	訂正
（一）	專橫拔扈	
（二）	鬼斧神功	
（三）	耳儒目染	
（四）	自立更生	
（五）	一切就序	
（六）	溫文而雅	
（七）	功虧一匱	
（八）	眾志乘城	
（九）	買櫝還珠	
（十）	尋序漸進	
（十一）	成群結對	
（十二）	潛移漠化	
（十三）	格守不渝	
（十四）	全神慣注	

（十五）	倉慌失措	
（十六）	馬首是瞻	
（十七）	窮形盡想	
（十八）	安然無佯	
（十九）	自漸形穢	
（二十）	兵慌馬亂	
（二十一）	和言悅色	
（二十二）	變本加利	
（二十三）	毋容諱言	
（二十四）	民不療生	
（二十五）	憑心而論	
（二十六）	世外桃園	
（二十七）	迫不急待	
（二十八）	安然無佯	
（二十九）	如火如荼	
（三十）	不極泰來	

第二部份

改正單個錯別字並不難，困難的是在國字叢林中把它們一把揪出。下面五道題目正確選項皆為單選，請你用慧眼將它們識別出來。每題計六分，本部分共計三十分。

(一)下列詞語中沒有錯別字的一組是（ ）

1. 吉人天象　　生態圈　　疾風勁草　　馳騁
2. 震耳欲聾　　通訊　　訣別　　煉丹
3. 等侯　　目不暇接　　房梁　　暗算
4. 辦理　　打架　　粗制爛造　　謀劃

(二)下列詞語中，沒有錯別字的一組是（ ）

1. 大赦　　寂寞　　蓬蒿　　好高騖遠
2. 輟學　　文靜　　消弭　　功虧一匱
3. 訣巧　　歷練　　贗品　　淺嘗輒止
4. 哂笑　　自詡　　告罄　　事半功倍

(三)下列各組詞語中，沒有錯別字的一組是（ ）

1. 色彩　　法碼　　炮製　　嚴懲
2. 體量　　修煉　　生靈塗炭　　不假思索
3. 天朝　　調濟　　荒唐　　瞑頑不靈
4. 張弛　　困擾　　旁門左道　　怦然心動

(四)下列詞語中有錯別字的一組是（ ）

1. 紋身　　詭譎　　流金歲月　　食不厭精
2. 更迭　　歆享　　激蕩　　暗劍難防
3. 簡約　　抑鬱　　大而無當　　天涯海角
4. 橋墩　　石碑　　完璧歸趙　　敝帚自珍

(五)下列各句中，沒有錯別字的一項是（ ）

1. 居室裝修，目的是要營造一個舒適的家居環境，而不該以追求奢華為第一要務。
2. 相信一半以上的上班族心中都曾經有過創業的夢想，但絕大多數人卻因種種原故而堰旗息鼓了。
3. 二○○八年九月的美國金融大崩壞，所引起的通貨膨漲，讓不少普通家庭感受到了生存壓力。
4. 詩歌朗頌一直是文學會的主要活動項目，這次也不例外。

第三部份

　　對於錯別字，我們就要有雞蛋裡挑骨頭的細心，當錯字隱藏在字裡行間，你還有必勝的信心嗎？下面的二十句話，句句玄機。每句計二分，本部分共計四十分。

(一)中國人喜歡用月亮的陰睛圓缺，比喻人世間的變幻無長。

(二)那坐橋是用花崗石砌成的，用了幾十年還是艱固如新。

(三)西漢武帝時，有個叫東方朔的大臣很淵搏。

(四)今日的艾菲爾鐵塔已是舉世文名的遊覽勝地，各國遊客如幟。

(五)黃叔叔和他的太太兩人配合，相得宜彰，是生活和事業上的黃金搭擋。

（六）身輕如燕的雲雀忽然從草間直竄向雲宵裡去了。

（七）在這物欲橫留的社會裡，我們要抱定絕心，才不會失去心靈的平衡。

（八）當他知道朋友為他做的事後，一鼓暖流湧上心頭。

（九）漫步在蘇州園林中，感覺心神舒琅，如在畫中。

（十）義大利家居的設計總是別俱匠心，被世界公認為是精品。

中學生錯別字自測參考答案
第一部份

題目序號	成語	訂正	題目序號	成語	訂正
（一）	專橫拔扈	專橫跋扈	（二）	鬼斧神功	鬼斧神工
（三）	耳儒目染	耳濡目染	（四）	自立更生	自力更生
（五）	一切就序	一切就緒	（六）	溫文而雅	溫文儒雅
（七）	功虧一匱	功虧一簣	（八）	眾志乘城	眾志成城
（九）	買牘還珠	買櫝還珠	（十）	尋序漸進	循序漸進
（十一）	成群結對	成群結隊	（十二）	潛移漠化	潛移默化
（十三）	格守不渝	恪守不渝	（十四）	全神慣注	全神貫注
（十五）	倉慌失措	倉皇失措	（十六）	馬首是贍	馬首是瞻
（十七）	窮形盡想	窮形盡相	（十八）	安然無佯	安然無恙
（十九）	憑心而論	平心而論	（二十）	兵慌馬亂	兵荒馬亂
（二十一）	和言悅色	和顏悅色	（二十二）	變本加利	變本加厲
（二十三）	毌容諱言	毌庸諱言	（二十四）	民不療生	民不聊生
（二十五）	自漸形穢	自慚形穢	（二十六）	世外桃園	世外桃源
（二十七）	迫不急待	迫不及待	（二十八）	安然無佯	安然無恙
（二十九）	如火如茶	如火如荼	（三十）	不極泰來	否極泰來

第二部份

(一)答案2

1. 中「吉人天象」應為「吉人天相」,「相」是動詞「幫助」的意思。

3. 中「等侯」為「等候」。

4. 中「粗制爛造」應為「粗製濫造」。

(二)答案4

1. 中「好高鶩遠」應為「好高騖遠」

2. 中「功虧一匱」應為「功虧一簣」

3. 中「訣巧」應為「訣竅」

(三)答案4

1. 中,應為「砝碼」

2. 中,應為「體諒」

3. 中,應為「調劑」和「冥頑」

(四)答案2

2. 中應為「暗箭難防」

(五)答案1

2. 中,應為「偃旗息鼓」

3. 中,應為「通貨膨脹」

4. 中,應為「朗誦」

第三部份

改正錯別字後的句子如下，請注意，其中的變色字是正確的字哦！

（一）中國人喜歡用月亮的陰晴圓缺，比喻人世間的變幻無常。

（二）那座橋是用花崗石砌成的，用了幾十年還是堅固如新。

（三）西漢武帝時，有個叫東方朔的大臣很淵博。

（四）今日的艾菲爾鐵塔已是舉世聞名的遊覽勝地，各國遊客如織。

（五）黃叔叔和他的太太兩人配合，相得益彰，是生活和事業上的黃金搭檔。

（六）身輕如燕的雲雀忽然從草間直竄向雲霄裡去了。

（七）在這物慾橫流的社會裡，我們要抱定決心，才不會失去心靈的平衡。

（八）當他知道朋友為他做的事後，一股暖流湧上心頭。

（九）漫步在蘇州園林中，感覺心神舒朗，如在畫中。

（十）義大利家居的設計總是別具匠心，被世界公認為是精品。

國家圖書館出版品預行編目資料

中學生單挑錯別字－搶進六級分，從減少錯字開始／
　石雨祺作；－－初版－－臺北市：日月文化
　（大好書屋），2008〔民97〕
　　224面；17 x 23公分－－（大學習力08）

　ISBN 978-986-6542-22-0

　1.漢語教學　2.中國文字　3.錯別字　4.中等教育

524.311　　　　　　　　　　　　　　97018047

中學生單挑錯別字－搶進六級分，從減少錯字開始

作　　　者：石雨祺

總 編 輯：胡芳芳

副總編輯：林憶純

執行編輯：俞聖柔

美術編輯：劉麗雪

董 事 長：洪祺祥

社　　長：蕭豔秋

出　　版：日月文化出版股份有限公司

製　　作：大好書屋出版股份有限公司

地　　址：台北市信義路三段151號9樓

電　　話：(02)2708-5509　傳真：(02)2708-6157

E-mail：service@helipolis.com.tw

日月文化網路書店：http://www.ezbooks.com.tw

郵撥帳號：19716071 日月文化出版股份有限公司

法律顧問：張　靜

財務顧問：蕭聰傑

總 經 銷：大和書報圖書股份有限公司

電　　話：(02)8990-2588　傳真：(02)2299-7900

印　　刷：禾耕彩色印刷

排　　版：帛格有限公司

初　　版：2008年10月

定　　價：220元

I S B N：978-986-6542-22-0

感謝您購買 _____中 學 生 單 挑 錯 別 字_____ (書名)

為提供完整服務與快速資訊，請詳細填寫下列資料，傳真至02-2708-5182
或免貼郵票寄回，我們將不定期提供您新書資訊及最新優惠。

1. 姓名：_____

2. 性別：□ 男　□ 女　　生日：_____ 年 _____ 月 _____ 日

3. 電話：(日)_____　(夜)_____
　　(手機) _____　(請務必填寫1種聯絡方式)

4. 地址：□□□_____

5. 電子信箱：_____

6. 您從何處購買本書：_____ 縣/市_____ 書店

7. 您的職業：□製造　□金融　□軍公教　□服務　□資訊　□傳播　□學生
　　　　　　□自由業　□其他

8. 您從何處得知這本書的消息：□書店　□網路　□報紙　□雜誌　□廣播
　　　　　　　　　　　　　　□電視　□他人推薦

9. 您通常以何種方式購書：□書店　□網路　□傳真訂購　□郵政劃撥　□其他

10. 您對本書的評價：(1. 非常滿意2. 滿意3. 普通4. 不滿意5. 非常不滿意)
　　書名____　內容____　封面設計____　版面編排____　文/譯筆____

11. 請給我們建議：
　　_____
　　_____

日月文化集團
HELIOPOLIS

服務專線 02-27086157
服務傳真 02-27085182
服務信箱 service@heliopolis.com.tw

讀者服務部　收

10658　台北市信義路三段 151 號 9 樓

www.ezbooks.com.tw

對折黏貼後，即可直接郵寄

日月文化集團之友長期獨享購書8折（單筆購書未滿500元需加付郵資60元），並享有各項專屬活動及特殊優惠！

成為日月文化之友的兩個方法：
・完整填寫書後的讀友回函卡，傳真或郵寄（免付郵資）給我們。
・登入日月文化網路書店www.ezbooks.com.tw完成加入會員。

直接購書的方法：
劃撥帳號：19716071　　戶名：日月文化出版股份有限公司
（於劃撥單通訊欄註明姓名、地址、聯絡電話、電子郵件、購買明細即可）

大好書屋

唐莊文化

寶鼎出版

山岳文化

易說館

EZ**TALK**
美語會話誌
EZ**Basic**
基本美語誌

EZ**Japan**
流行日語會話誌

生命，因閱讀而大好！

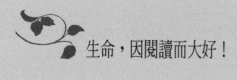生命，因閱讀而大好！